V&R

Carina Weigert

Deklinationen
Ein Übungsheft für Griechisch

Vandenhoeck & Ruprecht

Bibliografische Information der Deutschen Nationalbibliothek
Die Deutsche Nationalbibliothek verzeichnet diese Publikation in der
Deutschen Nationalbibliografie; detaillierte bibliografische Daten sind
im Internet über http://dnb.d-nb.de abrufbar.

ISBN 978-3-525-71133-0

Weitere Ausgaben und Online-Angebote sind erhältlich unter: www.v-r.de

Umschlagabbildung: Shutterstock (Nr. 208380013)

© 2017, Vandenhoeck & Ruprecht GmbH & Co. KG, Theaterstraße 13, D-37073 Göttingen/
Vandenhoeck & Ruprecht LLC, Bristol, CT, U.S.A.
www.v-r.de
Alle Rechte vorbehalten. Das Werk und seine Teile sind urheberrechtlich geschützt.
Jede Verwertung in anderen als den gesetzlich zugelassenen Fällen bedarf der vorherigen
schriftlichen Einwilligung des Verlages.
Printed in Germany.

Satz: SchwabScantechnik, Göttingen
Druck und Bindung: ⊕ Hubert & Co GmbH & Co. KG, Robert-Bosch-Breite 6, D-37079 Göttingen

Gedruckt auf alterungsbeständigem Papier.

Inhalt

Vorwort 7

Allgemeines: Kasus, Numerus, Genus von Substantiven und Adjektiven 8

Das Substantiv 9
    Der Artikel 9
    Die a-Deklination 9
    Die o-Deklination 11
  Übungen I 12
    Die dritte Deklination 14
  Übungen II 17

Das Adjektiv 20
    Adjektive der a- und o-Deklination 20
  Übungen III 22
    Adjektive der dritten Deklination 25
  Übungen IV 27
    Steigerung von Adjektiven 29
  Übungen V 31

Pronomina und Zahlwörter 34
  Übungen VI 37

Übungen VII: Deklinationen kompakt 40

Lösungen 45

Vorwort

Liebe Leserin, lieber Leser,

im zweiten Band der neu gegründeten Reihe πραγματεία (Band 1: *Genitivus absolutus,* Vandenhoeck & Ruprecht, Mai 2017), eigens gegen den Mangel an Griechisch-Übungsmaterialien ins Leben gerufen, geht es ums Deklinieren!

Wie schon in Band 1 wechseln in diesem Heft Wiederholungssequenzen mit praktischen Lerntipps und Übungen einander ab. So kann je nach Bedarf entweder ein bestimmtes Kapitel wiederholt und eingeübt oder das Heft sukzessive von vorne bis hinten durchgearbeitet werden.

Das Heft ist sowohl für Griechischschülerinnen und -schüler ab der 8./9. Jahrgangsstufe als auch für Studierende der Latinistik oder der Theologie, die das Graecum nachholen müssen, geeignet; kurz gesagt: Jeder, der Griechisch lernt, muss die Deklinationen beherrschen und kann zur Vorbereitung einer Klausur oder zur Wiederholung in den Ferien auf dieses Büchlein zurückgreifen.

Den Beginn macht die Deklination von Substantiven, die Schritt für Schritt vorgestellt und anschließend mit vielfältigen Übungen eintrainiert wird. Nachfolgend werden die Deklinationen von Adjektiven, inklusive ihrer Steigerungsformen, wiederholt und geübt. Und zuletzt dürfen auch die Deklinationen der Pronomina und Zahlwörter natürlich nicht fehlen. Den Abschluss bildet eine große Übungssequenz, die – neben den zahlreichen anderen Übungen in diesem Heft, die sich stets zwischen den einzelnen Kapiteln befinden – alles Gelernte nochmals in Kombination einübt. Die Lösungen zu allen Übungen finden sich ganz am Ende des Heftes.

Eine Besonderheit ist jeweils die Übung 5 in allen Übungssequenzen: Diese bietet stets einen Originaltext (aus Platon oder Xenophon), aus dem man bestimmte Formen herausgreifen und nach Kasus, Numerus und Genus analysieren soll. Damit soll eine Verbindung geschaffen werden zwischen dem bloßen »Einpauken« von Formen und dem höheren Ziel, nämlich dem Lesen und Verstehen griechischer Originaltexte.

Der Wortschatz ist auch in diesem Heft wieder relativ einfach gehalten, so dass sich die Lernenden hauptsächlich auf die Grammatik, d.h. aufs Deklinieren, konzentrieren können.

In diesem Sinne: Viel Freude mit diesem Büchlein und viel Erfolg im Griechischunterricht!

Die Autorin
Im Herbst 2017

Allgemeines: Kasus, Numerus, Genus von Substantiven und Adjektiven

Substantive und Adjektive gehören (neben den Pronomina und einigen Zahlwörtern) zu den Wörtern, die nach Kasus, Numerus und Genus unterscheidbar sind und dekliniert werden.

Sie werden gemäß der Funktion, die sie in einem Satz einnehmen, gebeugt: Der **Nominativ** antwortet auf die Frage »Wer oder was?«, der **Genitiv** auf die Frage »Wessen?«, der **Dativ** gibt Auskunft über die Frage »Wem?« und der **Akkusativ** über die Frage »Wen oder was?«. Ferner gibt es im Griechischen auch den aus dem Lateinischen bekannten **Vokativ**, der bei der direkten Ansprache einer Person oder Sache verwendet wird.

Diese vier (mit Vokativ fünf) **Kasus** gibt es jeweils in zwei verschiedenen **Numeri**, nämlich im **Singular** (Einzahl) und im **Plural** (Mehrzahl).

Zudem wird auch nach den drei **Genera** unterschieden: Deklinierbare Wörter können **Femininum** (weiblich), **Maskulinum** (männlich) oder **Neutrum** (sächlich) sein.

Adjektive (sowie Pronomina und einige deklinierbare Zahlwörter) richten sich in Kasus, Numerus und Genus stets nach dem Substantiv, zu dem sie gehören. Dies wird als **KNG-Kongruenz** bezeichnet.

Das Substantiv

Substantive im Griechischen können, genau wie im Deutschen, durch einen Artikel begleitet werden (**der** Freund – **ὁ** φίλος). Für den deutschen unbestimmten Artikel *ein/eine* gibt es im Griechischen keine Entsprechung; in diesem Fall wird im Griechischen einfach der bestimmte Artikel weggelassen (λόγος = **ein** Wort; λόγοι = Worte).

Der Artikel

Wie das Deutsche besitzt auch das Griechische nach Genera unterschiedene bestimmte Artikel:

Singular	Femininum	Maskulinum	Neutrum
Nominativ	ἡ (die)	ὁ (der)	τό (das)
Genitiv	τῆς (der)	τοῦ (des)	τοῦ (des)
Dativ	τῇ (der)	τῷ (dem)	τῷ (dem)
Akkusativ	τήν (die)	τόν (den)	τό (das)
Plural			
Nominativ	αἱ (die)	οἱ (die)	τά (die)
Genitiv	τῶν (der)	τῶν (der)	τῶν (der)
Dativ	ταῖς (den)	τοῖς (den)	τοῖς (den)
Akkusativ	τάς (die)	τούς (die)	τά (die)

TIPP: Im Neutrum sind die Formen des Nominativs und Akkusativs **immer** gleich. Dies gilt nicht nur für den Artikel, sondern auch für alle anderen Wörter im Neutrum. Der Dativ Singular besitzt **immer** ein Iota subscriptum (**sub**-scriptum: ein Iota, das **unter** einen Buchstaben gesetzt wird: τῇ, τῷ). Auch dies gilt nicht nur für den Artikel, sondern für die meisten Substantive, Adjektive und Pronomina der a- und o-Deklination.

Die a-Deklination

Substantive der a-Deklination sind, ganz ähnlich wie im Lateinischen, bis auf wenige Ausnahmen allesamt Feminina. In der Regel enden sie auf -α oder -η.

	Singular	Plural	Singular	Plural
Nominativ	ἡ οἰκί-α (das Haus)	αἱ οἰκί-αι	ἡ δόξ-α (der Schein)	δόξ-αι
Genitiv	τῆς οἰκί-ας	τῶν οἰκι-ῶν	δόξ-ης	δοξ-ῶν
Dativ	τῇ οἰκί-ᾳ	ταῖς οἰκί-αις	δόξ-ῃ	δόξ-αις
Akkusativ	τὴν οἰκί-αν	τὰς οἰκί-ας	δόξ-αν	δόξ-ας

	Singular	Plural
Nominativ	ἡ γνώμ-η (die Meinung)	αἱ γνῶμ-αι
Genitiv	τῆς γνώμ-ης	τῶν γνωμ-ῶν
Dativ	τῇ γνώμ-ῃ	ταῖς γνώμ-αις
Akkusativ	τὴν γνώμ-ην	τὰς γνώμ-ας

Einige Substantive der a-Deklination sind aber Maskulina. Sie enden auf -ας oder -ης und besitzen – bis auf die Endung im Genitiv Singular (-ου) – dieselben Endungen wie die Feminina:

	Singular	Plural	Singular	Plural
Nominativ	ὁ νεανί-ας (der junge Mann)	οἱ νεανί-αι	ὁ πολίτ-ης (der Bürger)	πολῖτ-αι
Genitiv	τοῦ νεανί-ου	τῶν νεανι-ῶν	πολίτ-ου	πολιτ-ῶν
Dativ	τῷ νεανί-ᾳ	τοῖς νεανί-αις	πολίτ-ῃ	πολίτ-αις
Akkusativ	τὸν νεανί-αν	τοὺς νεανί-ας	πολίτ-ην	πολίτ-ας

TIPP: Der Genitiv Plural **aller** Substantive der a-Deklination hat den Zirkumflex auf der letzten Silbe (-ῶν). Außerdem haben Nominativ und Akkusativ des Singulars in der Endsilbe **immer** den gleichen Vokal und stimmen im Akzent überein (οἰκία, οἰκίαν/γνώμη, γνώμην). Endet der Nominativ auf -η, bleibt dieses im ganzen Singular erhalten (s. γνώμη).

HINWEIS: Beachten Sie auch hier jeweils das Iota subscriptum im Dativ Singular **(-ᾳ, -ῃ).** Zudem ist bei den Maskulina auf -ας oder -ης der Vokativ Singular nicht wie in den meisten Fällen identisch mit dem Nominativ, sondern wird auf -α gebildet (ὦ πολῖτα, ὦ νεανία).

Ferner gibt es noch den Sonderfall kontrahierter Substantive der a-Deklination, wie z. B. bei γῆ (Erde); hier wird der ursprüngliche Stamm aus ε und α (γεα) zu η kontrahiert:

	nur Singular
Nominativ	ἡ γῆ (die Erde)
Genitiv	τῆς γῆς
Dativ	τῇ γῇ
Akkusativ	τὴν γῆν

Die o-Deklination

Wie bei der o-Deklination im Lateinischen sind auch die Substantive der o-Deklination im Griechischen überwiegend Maskulina und Neutra. Sie enden in der Regel auf -ος (mask.) oder -ον (neutr.).

	Singular	Plural	Singular	Plural
Nominativ	ὁ φίλ-ος (der Freund)	οἱ φίλ-οι	τὸ δῶρ-ον (das Geschenk)	τὰ δῶρ-α
Genitiv	τοῦ φίλ-ου	τῶν φίλ-ων	τοῦ δώρ-ου	τῶν δώρ-ων
Dativ	τῷ φίλ-ῳ	τοῖς φίλ-οις	τῷ δώρ-ῳ	τοῖς δώρ-οις
Akkusativ	τὸν φίλ-ον	τοὺς φίλ-ους	τὸ δῶρ-ον	τὰ δῶρ-α

TIPP: Wie bereits beim Artikel erwähnt, gilt auch hier: Im Neutrum haben Nominativ, Akkusativ und auch Vokativ **immer** die gleichen Formen.

HINWEIS: Der Vokativ Singular bei den Maskulina der o-Deklination endet auf -ε (ὦ φίλ-ε), der Vokativ Plural deckt sich mit dem Nominativ Plural.

Auch bei der o-Deklination gibt es Ausnahmen: Einige Substantive sind Feminina (wie am Artikel zu erkennen), werden aber wie Maskulina dekliniert, wie z. B.:

	Singular	Plural
Nominativ	ἡ νόσ-ος (die Krankheit)	αἱ νόσ-οι
Genitiv	τῆς νόσ-ου	τῶν νόσ-ων
Dativ	τῇ νόσ-ῳ	ταῖς νόσ-οις
Akkusativ	τὴν νόσ-ον	τὰς νόσ-ους

Zu den Feminina der o-Deklination gehören auch:

ἡ παρθένος (das Mädchen, die junge Frau), ἡ ἤπειρος (das Festland), ἡ νῆσος (die Insel), ἡ Κόρινθος (Korinth), ἡ Αἴγυπτος (Ägypten), ἡ Δῆλος (Delos), ἡ ὁδός (der Weg, die Reise) mit Zusammensetzungen wie ἡ σύν-οδος (die Zusammenkunft) oder ἡ ἔξ-οδος (der Ausgang), ἡ ψῆφος (der Stimmstein, die Abstimmung) und ἡ ἄμπελος (der Weinstock).

All diese Substantive haben maskuline Endungen, aber den weiblichen Artikel und das feminine Genus.

Außerdem gibt es auch in der o-Deklination den Sonderfall der kontrahierten Substantive, bei denen ein ο oder ε vor dem Stammauslaut eine Kontraktion bewirkt, wie z. B.:

Singular	πλοο-	ὀστεο-
Nominativ	ὁ πλοῦς (die Seefahrt)	τὸ ὀστοῦν (der Knochen)
Genitiv	τοῦ πλοῦ	τοῦ ὀστοῦ
Dativ	τῷ πλῷ	τῷ ὀστῷ
Akkusativ	τὸν πλοῦν	τὸ ὀστοῦν

Plural	πλοο-	ὀστεο-
Nominativ	οἱ πλοῖ	τὰ ὀστᾶ
Genitiv	τῶν πλῶν	τῶν ὀστῶν
Dativ	τοῖς πλοῖς	τοῖς ὀστοῖς
Akkusativ	τοὺς πλοῦς	τὰ ὀστᾶ

Zu solchen Kontrakta gehört z. B. auch ὁ νοῦς (der Verstand).

Ferner zählt auch die sog. attische Deklination, bei der einige Wörter der o-Deklination im attischen Dialekt den Stammauslaut ω anstatt o haben, zu den Besonderheiten der o-Deklination:

Singular	νεω-	Μενελεω-
Nominativ	ὁ νεώς (der Tempel)	Μενέλεως (Menelaos)
Genitiv	τοῦ νεώ	Μενέλεω
Dativ	τῷ νεῴ	Μενέλεῳ
Akkusativ	τὸν νεών	Μενέλεων
Plural		
Nominativ	οἱ νεῴ	–
Genitiv	τῶν νεών	–
Dativ	τοῖς νεῴς	–
Akkusativ	τοὺς νεώς	–

Übungen I

1. Setzen Sie zu den folgenden Substantiven die richtigen Artikel.

_____ πόντος   _____ θέατρα

_____ ἐναντίου   _____ ἀρετή

_____ βοῇ   _____ αἰσχύνας

_____ ἀδελφῶν   _____ νῆσον

_____ νοῖς   _____ πολίταις

_____ αἰτίαι   _____ ἠπείρου

2. Bestimmen Sie die Formen nach Kasus, Numerus und Genus.

ἀνθρώπους → KNG: _____

θανάτῳ → KNG: _____

θεάτροις → KNG: _____

ἀρετῶν → KNG: _____

πλοῦ → KNG: _____

γῆν → KNG: _____

παρθένος → KNG: _____

ταῖς → KNG: _____

ἡδονῆς → KNG: _____

φίλε → KNG: _____

3. Verwandeln Sie die Formen in den Singular bzw. Plural.

ὁ στρατιώτης _____

τῇ βλάβῃ _____

τὰ ξύλα _____

τῶν διανοιῶν _____

τοὺς προγόνους _____

τοῖς ἀργυρίοις _____

τοῦ ἄστρου _____

τῆς ὁδοῦ _____

τὸ ὀστοῦν _____

ἡ πέτρα _____

4. Deklinieren Sie im Singular und Plural (mit Artikel).

	ἡ σελήνη	ὁ ποταμός	τὸ μαντεῖον	ὁ δικαστής
Sg.				
Nom.				
Gen.				
Dat.				
Akk.				
Pl.				
Nom.				
Gen.				
Dat.				
Akk.				

5. Der folgende Text stammt aus Xenophons *Hellenika* (I 1). Bestimmen Sie die fett hervorgehobenen Formen nach Deklinationsklasse, Kasus, Numerus und Genus.

Μετὰ δὲ ταῦτα οὐ πολλαῖς ἡμέραις ὕστερον ἦλθεν ἐξ Ἀθηνῶν Θυμοχάρης ἔχων ναῦς ὀλίγας. καὶ εὐθὺς ἐναυμάχησαν αὖθις **Λακεδαιμόνιοι** καὶ Ἀθηναῖοι, ἐνίκησαν δὲ Λακεδαιμόνιοι ἡγουμένου Ἀγησανδρίδου. Μετ᾽ ὀλίγον δὲ τούτων Δωριεὺς ὁ Διαγόρου ἐκ Ῥόδου εἰς Ἑλλήσποντον εἰσέπλει ἀρχομένου χειμῶνος τέτταρσι καὶ δέκα ναυσὶν ἅμα ἡμέρᾳ. Κατιδὼν δὲ ὁ τῶν Ἀθηναίων ἡμεροσκόπος ἐσήμανε τοῖς **στρατηγοῖς**. Οἱ δὲ ἀνηγάγοντο ἐπ᾽ αὐτὸν εἴκοσι ναυσίν, ἃς ὁ Δωριεὺς φυγὼν πρὸς τὴν **γῆν** ἀνεβίβαζε τὰς αὑτοῦ τριήρεις, ὡς ἤνοιγε, περὶ τὸ Ῥοίτειον. ἐγγὺς δὲ γενομένων τῶν Ἀθηναίων ἐμάχοντο ἀπό τε τῶν νεῶν καὶ τῆς γῆς, μέχρι οἱ Ἀθηναῖοι ἀπέπλευσαν εἰς Μάδυτον πρὸς τὸ ἄλλο **στρατόπεδον** οὐδὲν πράξαντες.

Beispiel: ἡμέραις: a-Dekl. Dat. Pl. Fem.

Λακεδαιμόνιοι: _____

_____ _____

_____ _____

_____

Die dritte Deklination

Zur sog. dritten Deklination gehört zunächst eine Reihe von Substantiven, deren Stamm auf einen Konsonanten endet (= konsonantische Deklination). Diese werden wie folgt dekliniert:

Sg.	der Wettkampf	der Redner	der Vater	die Mutter	der Mann
Nom.	ὁ ἀγών	ὁ ῥήτωρ	ὁ πατήρ	ἡ μήτηρ	ὁ ἀνήρ
Gen.	ἀγῶν-ος	ῥήτορ-ος	πατρ-ός	μητρ-ός	ἀνδρ-ός
Dat.	ἀγῶν-ι	ῥήτορ-ι	πατρ-ί	μητρ-ί	ἀνδρ-ί
Akk.	ἀγῶν-α	ῥήτορ-α	πατέρ-α	μητέρ-α	ἄνδρ-α
Pl.					
Nom.	ἀγῶν-ες	ῥήτορ-ες	πατέρ-ες	μητέρ-ες	ἄνδρ-ες
Gen.	ἀγών-ων	ῥητόρ-ων	πατέρ-ων	μητέρ-ων	ἀνδρ-ῶν
Dat.	ἀγῶ-σι(ν)	ῥήτορ-σι(ν)	πατρά-σι(ν)	μητρά-σι(ν)	ἀνδρά-σι(ν)
Akk.	ἀγῶν-ας	ῥήτορ-ας	πατέρ-ας	μητέρ-ας	ἄνδρ-ας

TIPP: Der Dativ Singular hat auch in der dritten Deklination stets ein Iota in der Endung (z. B. ἀγῶν-ι); subskribiert wird dieses aber nur – wie in der a- und o-Deklination – bei α, η und ω (z. B. φίλ-ῳ).

HINWEIS: Der Vokativ Singular hat nicht wie der Nominativ Sg. den gedehnten Vokal η bzw. ω (πατήρ, ῥήτωρ), sondern wird mit dem reinen Stamm und somit dem kurzen Vokal gebildet: ῥῆτορ, πάτερ, μῆτερ und ἄνερ (beachten Sie auch den Akzent, der nun auf der ersten Silbe sitzt). Der Dativ Plural endet nicht zwingend auf die drei Buchstaben -σιν, sondern das -ν kann, in der Regel vor Vokalen, auch wegfallen.

Sogenannte Sigma-Stämme der dritten Deklination sind in der Regel Neutra; aber auch viele griechische Eigennamen gehören dazu:

Singular	das Geschlecht	Sokrates	Herakles
Nom.	τὸ γένος	Σωκράτης	Ἡρακλῆς
Gen.	τοῦ γένους	Σωκράτους	Ἡρακλέους
Dat.	τῷ γένει	Σωκράτει	Ἡρακλεῖ
Akk.	τὸ γένος	Σωκράτη(ν)	Ἡρακλέα
		[Vok.: Σώκρατες]	[Vok.: Ἡράκλεις]
Plural			
Nom.	τὰ γένη	–	–
Gen.	τῶν γενῶν	–	–
Dat.	τοῖς γένεσι(ν)	–	–
Akk.	τὰ γένη	–	–

HINWEIS: Der Nominativ Plural kontrahiert immer zu -η (aus urspr. γενεα). Der Dativ Plural hat wieder das vor Vokalen einzufügende -ν am Ende; diese Regel betrifft auch den Akk. Sg. der Eigennamen, so dass z. B. sowohl Σωκράτη als auch Σωκράτην möglich ist.

Weitere wichtige Substantive der Sigma-Stämme, die nach dem gleichen Muster dekliniert werden, sind z. B.: τὸ ἔπος (das Wort), τὸ ἔτος (das Jahr), τὸ θάρσος (der Mut), τὸ κράτος (die Stärke), τὸ πάθος (das Leid) u.v.m. sowie z. B. auch die Eigennamen Διογένης (Diogenes) und Περικλῆς (Perikles).

Ferner gehören auch Stämme auf Verschlusslaut zur dritten Deklination. Verschlusslaute sind π, τ, κ, β, δ, γ, φ, θ und χ und können am Genitiv Singular erkannt werden:

Singular	der Herrscher	der Wächter	die Frau	die Hoffnung
Nom.	ὁ ἄρχων	ὁ φύλαξ	ἡ γυνή	ἡ ἐλπίς
Gen.	ἄρχοντ-ος	φύλακ-ος	γυναικ-ός	ἐλπίδ-ος
Dat.	ἄρχοντ-ι	φύλακ-ι	γυναικ-ί	ἐλπίδ-ι
Akk.	ἄρχοντ-α	φύλακ-α	γυναῖκ-α	ἐλπίδ-α
Plural				
Nom.	ἄρχοντ-ες	φύλακ-ες	γυναῖκ-ες	ἐλπίδ-ες
Gen.	ἀρχόντ-ων	φυλάκ-ων	γυναικ-ῶν	ἐλπίδ-ων
Dat.	ἄρχου-σι(ν)	φύλα-ξι(ν)	γυναι-ξί(ν)	ἐλπί-σι(ν)
Akk.	ἄρχοντ-ας	φύλακ-ας	γυναῖκ-ας	ἐλπίδ-ας

HINWEIS: Beachten Sie die Formen des Dativs im Plural, die einen veränderten bzw. gedehnten Stamm (ἄρχουσιν) zeigen und das -ν weglassen können. Der Vokativ Singular von ὁ ἄρχων lautet ἄρχον, von ἡ γυνή lautet er γύναι.

Singular	die Anmut	das Kind	der Fuß	der Name
Nom.	ἡ χάρις	ὁ/ἡ παῖς	ὁ πούς	τὸ ὄνομα
Gen.	χάριτ-ος	παιδ-ός	ποδ-ός	ὀνόματ-ος
Dat.	χάριτ-ι	παιδ-ί	ποδ-ί	ὀνόματ-ι
Akk.	χάριν	παῖδ-α	πόδ-α	ὄνομα
Plural				
Nom.	χάριτ-ες	παῖδ-ες	πόδ-ες	τὰ ὀνόματ-α
Gen.	χαρίτ-ων	παίδ-ων	ποδ-ῶν	ὀνομάτ-ων
Dat.	χάρι-σι(ν)	παι-σί(ν)	πο-σί(ν)	ὀνόμα-σι(ν)
Akk.	χάριτ-ας	παῖδ-ας	πόδ-ας	ὀνόματ-α

HINWEIS: Beachten Sie die Sonderform von ἡ χάρις im Akkusativ Singular; diesen bilden auch ἡ ἔρις (der Streit), ἡ θέμις (das Recht) und ὁ/ἡ ὄρνις (der Vogel) auf -ιν. ὁ/ἡ παῖς kann männlich oder weiblich sein, je nachdem, ob es sich um Jungen oder Mädchen handelt. Der Vokativ Sg. lautet παῖ, der Genitiv Pl. ist ausnahmsweise nicht endbetont (παίδων). Sonderformen im Nominativ Sg. wie ὁ πούς haben auch τὸ ὕδωρ, ὕδατος (das Wasser), τὸ φῶς, φωτός (das Licht), τὸ οὖς, ὠτός (das Ohr) und τὸ δόρυ, δόρατος (der Speer).

Auch die sogenannten Vokal- und Diphthongstämme der dritten Deklination besitzen die Endungen der konsonantischen Deklination und werden wie folgt dekliniert:

Singular	die Stadt	die Stadt	die Stärke
Nom.	ἡ πόλι-ς	τὸ ἄστυ	ἡ ἰσχύς
Gen.	πόλε-ως	ἄστε-ως	ἰσχύ-ος
Dat.	πόλε-ι	ἄστε-ι	ἰσχύ-ι
Akk.	πόλι-ν	ἄστυ	ἰσχύ-ν
Plural			
Nom.	πόλεις	ἄστη	ἰσχύ-ες
Gen.	πόλε-ων	ἄστε-ων	ἰσχύ-ων
Dat.	πόλε-σι(ν)	ἄστε-σι(ν)	ἰσχύ-σι(ν)
Akk.	πόλεις	ἄστη	ἰσχῦς

TIPP: Wie bei τὸ γένος kontrahiert der Nominativ (und Akkusativ) Plural beim Neutrum τὸ ἄστυ ebenfalls auf -η.

HINWEIS: Die Endungen bleiben zu den vorhergehenden Beispielen der dritten Deklination fast identisch; der Genitiv Singular wird aber in einigen Fällen auf langes -ω gebildet (πόλε-ως).

Singular	der König	das Schiff	Zeus
Nom.	ὁ βασιλεύς	ἡ ναῦς	Ζεύς
Gen.	βασιλέως	νεώς	Διός
Dat.	βασιλεῖ	νηί	Διί
Akk.	βασιλέα	ναῦν	Δία

Plural	der König	das Schiff	Zeus
Nom.	βασιλῆς/βασιλεῖς	νῆες	–
Gen.	βασιλέων	νεῶν	–
Dat.	βασιλεῦσι(ν)	ναυσί(ν)	–
Akk.	βασιλέας	ναῦς	–

HINWEIS: Verwechseln Sie nicht die Formen ὁ νεώς (der Tempel) bzw. τῶν νεών (Gen. Pl.: der Tempel) mit den Formen von ἡ ναῦς (das Schiff) im Genitiv Sg. (τῆς νεώς) oder im Genitiv Pl. τῶν νεῶν (Unterschied nur im Akzent!). Zudem sind Nominativ Sg. und Akkusativ Pl. von ναῦς identisch. Der Vokativ Sg. von ὁ βασιλεύς lautet βασιλεῦ, von Zeus nach demselben Prinzip Ζεῦ.

Übungen II

1. Formenschlange: Bilden Sie die angegebene Form immer anhand der zuletzt gebildeten Form (mit Artikel).

τὸ κάλλος → Dat.: _____ → Gen.: _____

→ Pl.: _____ → Akk.: _____ .

ἡ φύσις → Akk.: _____ → Pl.: _____

→ Gen.: _____ → Sg.: _____ .

ὁ ἰχθῦς → Dat.: _____ → Pl.: _____

→ Akk.: _____ → Sg.: _____ .

ἡ θυγάτηρ → Gen.: _____ → Pl.: _____

→ Dat.: _____ → Nom.: _____ .

τὸ πρᾶγμα → Akk.: _____ → Pl.: _____

→ Gen.: _____ → Sg.: _____ .

ὁ γέρων → Akk.: _____ → Dat.: _____

→ Pl.: _____ → Akk.: _____ .

2. Sortieren Sie nachfolgende Substantive nach Deklinationsklassen in die richtige Spalte ein. Bilden Sie zu jedem Substantiv auch den Genitiv Singular.

τὸ ἔργον – ὁ γεωργός – ἡ ταραχή – ἡ ἤπειρος – τὸ παράδειγμα – ἡ τάξις – ἡ ὥρα – τὸ δάκρυον – ὁ ἔρως – ὁ στρατιώτης – ὁ κόσμος – ἡ εἰρήνη – ὁ δικαστής – ἡ παρθένος – ὁ ἀγών – ὁ φύλαξ

a-Dekl. Fem.	a-Dekl. Mask.	o-Dekl. Fem.	o-Dekl. Mask.	o-Dekl. Neutr.	3. Dekl.
ἡ ταραχή, τῆς ταραχῆς	ὁ στρατιώτης, τοῦ στρατιώτου	ἡ ἤπειρος, τῆς ἠπείρου	ὁ γεωργός, τοῦ γεωργοῦ	τὸ ἔργον, τοῦ ἔργου	τὸ παράδειγμα, τοῦ παραδείγματος
ἡ ὥρα, τῆς ὥρας	ὁ δικαστής, τοῦ δικαστοῦ	ἡ παρθένος, τῆς παρθένου	ὁ κόσμος, τοῦ κόσμου	τὸ δάκρυον, τοῦ δακρύου	ἡ τάξις, τῆς τάξεως
ἡ εἰρήνη, τῆς εἰρήνης					ὁ ἔρως, τοῦ ἔρωτος
					ὁ ἀγών, τοῦ ἀγῶνος
					ὁ φύλαξ, τοῦ φύλακος

3. Ergänzen Sie die Tabelle mit den richtigen Formen.

Nom.	τὸ πάθος	ἡ ὕβρις	ὁ ὁπλίτης	ὁ ἡγεμών
Gen.	τοῦ πάθους	τῆς ὕβρεως	τοῦ ὁπλίτου	τοῦ ἡγεμόνος
Dat.	τῷ πάθει	τῇ ὕβρει	τῷ ὁπλίτῃ	τῷ ἡγεμόνι
Akk.	τὸ πάθος	τὴν ὕβριν	τὸν ὁπλίτα	τὸν ἡγεμόνα
Nom.	τὰ πάθη	αἱ ὕβρεις	οἱ ὁπλῖται	οἱ ἡγεμόνες
Gen.	τῶν παθῶν	τῶν ὕβρεων	τῶν ὁπλιτῶν	τῶν ἡγεμόνων
Dat.	τοῖς πάθεσι(ν)	ταῖς ὕβρεσιν	τοῖς ὁπλίταις	τοῖς ἡγεμόσι(ν)
Akk.	τὰ πάθη	τὰς ὕβρεις	τοὺς ὁπλίτας	τοὺς ἡγεμόνας

4. Verwechslungsgefahr? Entlarven Sie alle Substantive und bestimmen Sie diese nach Kasus, Numerus und Genus.

ἐκεῖ – παιδεύει – ἔτει – ἀληθεῖ – δεῖ

Substantiv: _____ KNG: _____

τιμῆς – ψευδής – πάσης – κελεύῃς – αὐτῆς

Substantiv: _____ KNG: _____

ὅσιος – πότερος – πρός – δαίμονος – δυνατός

Substantiv: _____ KNG: _____

πνέω – κάτω – πόρρω – ὀκτώ – κινδύνῳ

Substantiv: _____ KNG: _____

μετά – γράμματα – ἰσχυρά – ἰδίᾳ – ἑπτά

Substantiv: _____ KNG: _____

σώφρονι – τέκτονι – ἔτι – φησί – εἰμί

Substantiv: _____ KNG: _____

5. Der folgende Text stammt aus Platons *Phaidon* (66c6–66e). Bestimmen Sie die fett hervorgehobenen Formen nach Deklinationsklasse, Kasus, Numerus und Genus.

καὶ γὰρ **πολέμους** καὶ **στάσεις** καὶ **μάχας** οὐδὲν ἄλλο παρέχει ἢ τὸ σῶμα καὶ αἱ τούτου ἐπιθυμίαι. διὰ γὰρ τὴν τῶν χρημάτων κτῆσιν πάντες οἱ πόλεμοι γίγνονται, τὰ δὲ χρήματα ἀναγκαζόμεθα κτᾶσθαι διὰ τὸ σῶμα, δουλεύοντες τῇ τούτου **θεραπείᾳ**. καὶ ἐκ τούτου ἀσχολίαν ἄγομεν **φιλοσοφίας** πέρι διὰ πάντα ταῦτα. τὸ δέσχατον πάντων ὅτι, ἐάν τις ἡμῖν καὶ σχολὴ γένηται ἀπ᾽ αὐτοῦ καὶ τραπώμεθα πρὸς τὸ σκοπεῖν τι, ἐν ταῖς **ζητήσεσιν** αὖ πανταχοῦ παραπῖπτον **θόρυβον** παρέχει καὶ ταραχὴν καὶ ἐκπλήττει, ὥστε μὴ δύνασθαι ὑπ᾽ αὐτοῦ καθορᾶν τἀληθές. ἀλλὰ τῷ ὄντι ἡμῖν δέδεικται ὅτι, εἰ μέλλομέν ποτε καθαρῶς τι εἴσεσθαι, ἀπαλλακτέον αὐτοῦ καὶ αὐτῇ τῇ **ψυχῇ** θεατέον αὐτὰ τὰ **πράγματα**.

Beispiel: πολέμους: o-Dekl. Akk. Pl. Mask.

_____   _____

_____   _____

_____   _____

_____

Das Adjektiv

Adjektive sind Eigenschaftswörter und stimmen mit ihrem Bezugswort, d. h. mit dem dazugehörigen Substantiv, in **K**asus, **N**umerus und **G**enus überein (= **KNG**-Kongruenz).

Adjektive der a- und o-Deklination

Wie im Lateinischen (z. B. firmus, firma, firmum) gibt es auch im Griechischen dreiendige Adjektive, die gemäß der a- und o-Deklination dekliniert werden; die Endungen entsprechen denen der Substantive der a- und o-Deklination (Mask.: ὁ λόγος, Fem.: ἡ ἀρετή bzw. ἡ συμφορά (α nach ε, ι und ρ), Neutr.: τὸ ἄστρον):

	schön			klein		
Singular	Mask.	Fem.	Neutr.	Mask.	Fem.	Neutr.
Nom.	καλός	καλή	καλόν	μικρός	μικρά	μικρόν
Gen.	καλοῦ	καλῆς	καλοῦ	μικροῦ	μικρᾶς	μικροῦ
Dat.	καλῷ	καλῇ	καλῷ	μικρῷ	μικρᾷ	μικρῷ
Akk.	καλόν	καλήν	καλόν	μικρόν	μικράν	μικρόν
Plural						
Nom.	καλοί	καλαί	καλά	μικροί	μικραί	μικρά
Gen.	καλῶν	καλῶν	καλῶν	μικρῶν	μικρῶν	μικρῶν
Dat.	καλοῖς	καλαῖς	καλοῖς	μικροῖς	μικραῖς	μικροῖς
Akk.	καλούς	καλάς	καλά	μικρούς	μικράς	μικρά

TIPP: Wiederholen Sie die Deklinationsweisen (s. S. 9–11) der oben vorgestellten Substantive aus der a- und o-Deklination ἡ οἰκία bzw. ἡ γνώμη (Fem.), ὁ φίλος (Mask.) und τὸ δῶρον (Neutr.). So müssen Sie für die Adjektive der a- und o-Deklination nicht eigens neue Endungen lernen, sondern können Ihr bereits vorhandenes Wissen auf diesen Bereich übertragen.

Einige Besonderheiten in der Deklination weisen die Adjektive πολύς (viel) und μέγας (groß) auf. Diese bilden im Maskulinum und im Neutrum sowohl den Nominativ als auch den Akkusativ Sg. nach dem Stamm πολυ- bzw. μεγα-, die übrigen Formen aber nach dem »üblichen« Stamm der a- und o-Deklination πολλο- bzw. μεγαλο-:

	viel			groß		
Singular	Mask.	Fem.	Neutr.	Mask.	Fem.	Neutr.
Nom.	πολύς	πολλή	πολύ	μέγας	μεγάλη	μέγα
Gen.	πολλοῦ	πολλῆς	πολλοῦ	μεγάλου	μεγάλης	μεγάλου
Dat.	πολλῷ	πολλῇ	πολλῷ	μεγάλῳ	μεγάλῃ	μεγάλῳ
Akk.	πολύν	πολλήν	πολύ	μέγαν	μεγάλην	μέγα

	viel			groß		
Plural	Mask.	Fem.	Neutr.	Mask.	Fem.	Neutr.
Nom.	πολλοί	πολλαί	πολλά	μεγάλοι	μεγάλαι	μεγάλα
Gen.	πολλῶν	πολλῶν	πολλῶν	μεγάλων	μεγάλων	μεγάλων
Dat.	πολλοῖς	πολλαῖς	πολλοῖς	μεγάλοις	μεγάλαις	μεγάλοις
Akk.	πολλούς	πολλάς	πολλά	μεγάλους	μεγάλας	μεγάλα

HINWEIS: Abweichend von der »normalen« a- und o-Deklination sind also, wie erwähnt, nur die Formen des Nominativs und Akkusativs Sg. im Maskulinum und Neutrum. Alle anderen Endungen entsprechen den üblichen der a- und o-Deklination.

Es gibt auch zweiendige Adjektive, die zur o-Deklination gehören. Bei diesen stimmen alle Formen des Femininums mit denen des Maskulinums überein:

Singular	Mask./Fem.	Neutr.
Nom.	φρόνιμος (vernünftig)	φρόνιμον
Gen.	φρονίμου	φρονίμου
Dat.	φρονίμῳ	φρονίμῳ
Akk.	φρόνιμον	φρόνιμον
Plural		
Nom.	φρόνιμοι	φρόνιμα
Gen.	φρονίμων	φρονίμων
Dat.	φρονίμοις	φρονίμοις
Akk.	φρονίμους	φρόνιμα

HINWEIS: Da die Formen im Femininum und Maskulinum komplett übereinstimmen, muss bei der Übersetzung jeweils aus dem Kontext geschlossen werden, welches das korrekte Bezugswort ist, besonders dann, wenn mehrere maskuline und feminine Substantive, die in Kasus und Numerus übereinstimmen, in Frage kommen können.

Zu diesen zweiendigen Adjektiven gehören z. B. auch viele Adjektive mit α-privativum, d. h. solche mit der dt. Vorsilbe un- (ἄ-δικος, -ον = ungerecht, ἀ-δύνατος, -ον = unmöglich, ἀ-θάνατος, -ον = unsterblich, ἄ-τομος, -ον = unteilbar, ἀ-νόητος, -ον = unvernünftig, ἀν-όσιος, -ον = unheilig u. a.) oder mit einer Präposition zusammengesetzte Adjektive (ἔμ-πειρος, -ον = erfahren, ἔν-δηλος, -ον = deutlich, κατα-γέλαστος, -ον = lächerlich, παρα-πλήσιος, -ον = ähnlich u. a.).

Ferner gibt es im Griechischen auch einige Adjektive, die kontrahiert werden, und zwar nach denselben Regeln wie die kontrahierten Substantive (s. S. 10–12). Ihre Formen unterscheiden sich nur im Nominativ Sg. Mask. (-οῦς anstatt -ος) und Neutr. (-οῦν anstatt -ον) sowie in der Akzentsetzung (Zirkumflex anstatt Akut oder Gravis) von den normalen Endungen der a- und o-Deklination:

Stamm	χρυσεο-	χρυσεα-	χρυσεο-
Singular	Mask.	Fem.	Neutr.
Nom.	χρυσοῦς (golden)	χρυσῆ	χρυσοῦν
Gen.	χρυσοῦ	χρυσῆς	χρυσοῦ
Dat.	χρυσῷ	χρυσῇ	χρυσῷ
Akk.	χρυσοῦν	χρυσῆν	χρυσοῦν
Plural			
Nom.	χρυσοῖ	χρυσαῖ	χρυσᾶ
Gen.	χρυσῶν	χρυσῶν	χρυσῶν
Dat.	χρυσοῖς	χρυσαῖς	χρυσοῖς
Akk.	χρυσοῦς	χρυσᾶς	χρυσᾶ

Zu diesen Kontrakta gehören auch ἀργυροῦς, -ᾶ, -οῦν (silbern), σιδηροῦς, -ᾶ, -οῦν (eisern) und ἁπλοῦς, -ῆ, -οῦν (einfach). Ein zweiendiges kontrahiertes Adjektiv ist z. B. εὔνους, εὔνουν (wohlgesinnt, freundlich).

Zur Stellung der Adjektive:
Adjektive können folgendermaßen gestellt werden:
Wenn das Adjektiv zu einem Substantiv gehört, das **nicht** durch einen Artikel bestimmt ist, kann es **vor oder hinter** dem Substantiv stehen:
φίλος ἀγαθός oder ἀγαθὸς φίλος (ein guter Freund)

Wenn das Substantiv durch einen Artikel bestimmt ist, kann das Adjektiv entweder **zwischen** Artikel und Substantiv stehen **oder, unter Wiederholung des Artikels, hinter** dem Substantiv:
ὁ ἀγαθὸς φίλος oder ὁ φίλος ὁ ἀγαθός (der gute Freund)
In diesen Fällen ist das Adjektiv **attributiv** gestellt.

Wenn das Adjektiv aber vor dem Artikel oder hinter einem durch den Artikel bestimmten Substantiv steht, ist es **prädikativ** gestellt, d. h. es ist ein ἐστί o. Ä. zu ergänzen:
ἀγαθὸς ὁ φίλος oder ὁ φίλος ἀγαθός (der Freund [ist] gut bzw. der Freund [als] guter)

Übungen III

1. Ergänzen Sie die Adjektive mit den richtigen Endungen. Beachten Sie dabei Kasus, Numerus und Genus.

κακοῦργος _____ (δεινός)   πράγματα _____ (ἀναγκαῖος)

ὕβρεως _____ (μέγας)   ἔτεσιν _____ (πολύς)

λίθων _____ (σιδηροῦς)   ἄστη _____ (μικρός)

φύσιν _____ (ἀνθρώπειος)   βασιλέως _____ (ἱκανός)

φύλακες _____ (φαῦλος)   ἑσπέρα _____ (καλός)

2. Bestimmen Sie die Adjektiv-Formen, indem Sie die jeweils zutreffenden Kästchen ankreuzen.
   Achtung: Manchmal gibt es mehrere Möglichkeiten bei einem Wort!

	Sg.	Pl.	Nom.	Gen.	Dat.	Akk.	Mask.	Fem.	Neutr.
γεραιοί		X	X				X		
πολύν									
μεγάλαις									
θαυμασίους									
ἀθάνατα									
ὁμοίης									
ἀργυρῷ									
αἰσχροῦ									
ἀθλίων									
βροταί									

3. KNG-Kongruenz: Kreuzen Sie an, welches Substantiv zum Adjektiv in der linken Spalte passt.

	νίκῃ	βωμοῦ	βασιλεῖς	πόλεις	ἡγεμόνα	πράγμασιν
πολλοί						
θεῖα						
περιττοῖς						
ἀργυροῦ						
μεγάλας						
ἐλεύθερον						

4. Formenschlange: Bilden Sie die angegebenen Formen immer anhand der zuletzt gebildeten Form.

ἀγαθὸν σημεῖον → Dat.: _____ → Pl.: _____

→ Nom.: _____ → Gen.: _____ .

ἄξιος τέκτων → Gen.: _____ → Akk.: _____

→ Pl.: _____ → Nom.: _____.

μεγάλη ὕβρις → Pl.: _____ → Gen.: _____

→ Sg.: _____ → Akk.: _____.

ἄπιστος γυνή → Gen.: _____ → Pl.: _____

→ Akk.: _____ → Sg.: _____.

ἁπλοῦν ἔθνος → Pl.: _____ → Dat.: _____

→ Sg.: _____ → Gen.: _____.

πολὺς χρόνος → Dat.: _____ → Akk.: _____

→ Pl.: _____ → Gen.: _____.

5. Der folgende Text stammt aus Platons *Apologie* (18a7–19a2). Bestimmen Sie die fett hervorgehobenen Adjektive und Substantive nach Kasus, Numerus und Genus.

Πρῶτον μὲν οὖν δίκαιός εἰμι ἀπολογήσασθαι, ὦ **ἄνδρες Ἀθηναῖοι**, πρὸς τὰ πρῶτά μου ψευδῆ κατηγορημένα καὶ **τοὺς πρώτους κατηγόρους**, ἔπειτα δὲ πρὸς τὰ ὕστερον καὶ τοὺς ὑστέρους. ἐμοῦ γὰρ **πολλοὶ κατήγοροι** γεγόνασι πρὸς ὑμᾶς καὶ πάλαι πολλὰ ἤδη ἔτη καὶ οὐδὲν ἀληθὲς λέγοντες, […] ὡς ἔστιν τις Σωκράτης **σοφὸς ἀνήρ**, τά τε μετέωρα φροντιστὴς καὶ τὰ ὑπὸ γῆς πάντα ἀνεζητηκὼς καὶ τὸν ἥττω λόγον κρείττω ποιῶν. οὗτοι, ὦ ἄνδρες Ἀθηναῖοι, οἱ ταύτην τὴν φήμην κατασκεδάσαντες, οἱ δεινοί εἰσίν μου κατήγοροι· οἱ γὰρ ἀκούοντες ἡγοῦνται τοὺς ταῦτα ζητοῦντας οὐδὲ θεοὺς νομίζειν. ἔπειτά εἰσιν οὗτοι οἱ κατήγοροι πολλοὶ καὶ πολὺν χρόνον ἤδη κατηγορηκότες, ἔτι δὲ καὶ ἐν ταύτῃ τῇ ἡλικίᾳ λέγοντες πρὸς ὑμᾶς, ἐν ᾗ ἂν μάλιστα ἐπιστεύσατε, παῖδες ὄντες ἔνιοι ὑμῶν καὶ μειράκια, ἀτεχνῶς ἐρήμην κατηγοροῦντες ἀπολογουμένου οὐδενός. […] Εἶεν· ἀπολογητέον δή, ὦ ἄνδρες Ἀθηναῖοι, καὶ ἐπιχειρητέον ὑμῶν ἐξελέσθαι τὴν διαβολήν, ἣν ὑμεῖς ἐν πολλῷ χρόνῳ ἔσχετε, ταύτην ἐν οὕτως ὀλίγῳ χρόνῳ.

Beispiel: ἄνδρες Ἀθηναῖοι: Vok. Pl. Mask.

τοὺς πρώτους κατηγόρους: _____ _____

_____ _____

_____ _____

_____

Adjektive der dritten Deklination

Neben Substantiven gibt es auch Adjektive, die der dritten Deklination angehören. Die Endungen entsprechen z. B. denen von ὁ ἀγών (der Wettkampf) bzw. von ὁ ἄρχων (der Herrscher).

	glücklich		freiwillig		
Sg.	Mask./Fem.	Neutr.	Mask.	Fem.	Neutr.
Nom.	εὐδαίμων	εὔδαιμον	ἑκών	ἑκοῦσ-α	ἑκόν
Gen.	εὐδαίμον-ος	εὐδαίμον-ος	ἑκόντ-ος	ἑκούσ-ης	ἑκόντ-ος
Dat.	εὐδαίμον-ι	εὐδαίμον-ι	ἑκόντ-ι	ἑκούσ-ῃ	ἑκόντ-ι
Akk.	εὐδαίμον-α	εὔδαιμον	ἑκόντ-α	ἑκοῦσ-αν	ἑκόν
Pl.					
Nom.	εὐδαίμον-ες	εὐδαίμον-α	ἑκόντ-ες	ἑκοῦσ-αι	ἑκόντ-α
Gen.	εὐδαιμόν-ων	εὐδαιμόν-ων	ἑκόντ-ων	ἑκουσ-ῶν	ἑκόντ-ων
Dat.	εὐδαίμο-σι(ν)	εὐδαίμο-σι(ν)	ἑκοῦ-σι(ν)	ἑκούσ-αις	ἑκοῦ-σι(ν)
Akk.	εὐδαίμο-νας	εὐδαίμον-α	ἑκόντ-ας	ἑκούσ-ας	ἑκόντ-α

TIPP: Wiederholen Sie die Deklinationsweisen (s. S. 14 f.) der oben vorgestellten Substantive aus der dritten Deklination ὁ ἀγών, -ῶνος bzw. ὁ ἄρχων, -οντος. So müssen Sie für die Adjektive der dritten Deklination nicht eigens neue Endungen lernen, sondern können Ihr bereits vorhandenes Wissen auf diesen Bereich übertragen.

HINWEIS: Das Adjektiv εὐδαίμων, εὔδαιμον ist zweiendig und besitzt also im Maskulinum und Femininum identische Formen. Das Adjektiv ἑκών, ἑκοῦσα, ἑκόν wird dekliniert wie z. B. auch das Partizip Präsens Aktiv der Verben auf -ω (παιδεύων, -οντος, παιδεύουσα, -ούσης, παιδεῦον, -οντος).

Ein Adjektiv, das besonders häufig vorkommt und ganz ähnlich wie ἑκών, ἑκοῦσα, ἑκόν dekliniert wird, ist πᾶς, πᾶσα, πᾶν (jeder, alles):

	jeder, alles		
Sg.	Mask.	Fem.	Neutr.
Nom.	πᾶς	πᾶσα	πᾶν
Gen.	παντός	πάσης	παντός
Dat.	παντί	πάσῃ	παντί
Akk.	πάντα	πᾶσαν	πᾶν
Pl.			
Nom.	πάντες	πᾶσαι	πάντα
Gen.	πάντων	πασῶν	πάντων
Dat.	πᾶσι(ν)	πάσαις	πᾶσι(ν)
Akk.	πάντας	πάσας	πάντα

Ferner gehören auch die Adjektive der sogenannten Sigma-Stämme zur dritten Deklination. Sie sind wiederum zweiendig:

	wahr, ehrlich (Stamm: ἀληθες-)		gesund (Stamm: ὑγιες-)	
Sg.	Mask./Fem.	Neutr.	Mask./Fem.	Neutr.
Nom.	ἀληθής	ἀληθές	ὑγιής	ὑγιές
Gen.	ἀληθοῦς	ἀληθοῦς	ὑγιοῦς	ὑγιοῦς
Dat.	ἀληθεῖ	ἀληθεῖ	ὑγιεῖ	ὑγιεῖ
Akk.	ἀληθῆ	ἀληθές	ὑγιᾶ	ὑγιές
Pl.				
Nom.	ἀληθεῖς	ἀληθῆ	ὑγιεῖς	ὑγιᾶ
Gen.	ἀληθῶν	ἀληθῶν	ὑγιῶν	ὑγιῶν
Dat.	ἀληθέσι(ν)	ἀληθέσι(ν)	ὑγιέσι(ν)	ὑγιέσι(ν)
Akk.	ἀληθεῖς	ἀληθῆ	ὑγιεῖς	ὑγιᾶ

HINWEIS: Die Adjektive der Sigma-Stämme sind in aller Regel endbetont und kontrahieren im Ausgang zu -ᾶ, wenn sie vor dem Stammauslaut -εσ- einen Vokal haben, und zu -ῆ, wenn sie vor dem Stammauslaut keinen Vokal haben.

Außerdem gibt es auch Adjektive mit vokalischem Stamm, die zur dritten Deklination gezählt werden. Sie sind dreiendig und werden im Maskulinum und Neutrum nach der konsonantischen Deklination, im Femininum hingegen nach der a-Deklination gebeugt:

	angenehm, süß					
	Singular			Plural		
	Mask.	Fem.	Neutr.	Mask.	Fem.	Neutr.
Nom.	ἡδύς	ἡδεῖα	ἡδύ	ἡδεῖς	ἡδεῖαι	ἡδέα
Gen.	ἡδέος	ἡδείας	ἡδέος	ἡδέων	ἡδειῶν	ἡδέων
Dat.	ἡδεῖ	ἡδείᾳ	ἡδεῖ	ἡδέσι(ν)	ἡδείαις	ἡδέσι(ν)
Akk.	ἡδύν	ἡδεῖαν	ἡδύ	ἡδεῖς	ἡδείας	ἡδέα

Übungen IV

1. Ergänzen Sie jeweils den anderen Numerus, indem Sie genau auf Genus und Kasus achten.

Singular	Plural
Bsp.: φανερός	φανεροί
εὐθέος	
	πάσαις
σαφεῖ	
σῶφρον	
	ἄκοντας
	τραχεῖαι
πίονος	
	πᾶσιν
ἀσφαλής	

2. Verbinden Sie die nach Kasus, Numerus und Genus zusammengehörigen Adjektive und Substantive.

πάντων   βασιλέως

ἄφρον   ἡγεμόσι

ὑγιοῦς   νίκη

ἀσφαλεῖ   τέκνον

θρασεῖαν   τῶν Ἑλλήνων

ἑκόντες   σύμμαχοι

ἐπιεικέσι   εἰρήνῃ

ἡδεῖα   γυναῖκα

3. Kammrätsel: Tragen Sie die richtigen Formen in die senkrechten Spalten ein. Das Lösungswort ergibt sich, wenn man in der waagerechten Zeile jeden zweiten Buchstaben ergänzt.
(Tipp: Es handelt sich um ein Verb; dies sollte man beim Lernen möglichst nicht tun.)

1	2	3	4	5	6	7

Spalte 1: Akk. Sg. Neutr. von εὐδαίμων

Spalte 2: Dat. Pl. Mask. von ἰσχυρός

Spalte 3: Dat. Sg. Mask. von ἀληθής

Spalte 4: Akk. Pl. Fem. von θρασύς

Spalte 5: Nom. Pl. Neutr. von νόμιμος

Spalte 6: Akk. Pl. Mask. von μέγας

Spalte 7: Gen. Pl. Fem. von ἱερός

Lösungswort: _____

4. Richtig oder falsch? Kreuzen Sie an und geben Sie ggf. die korrekte Lösung an.

	Richtig	Falsch	Evtl. Korrektur
ἀκούσης: Gen. Sg. Fem.	( )	( )	_____
ἑκόντας: Dat. Pl. Mask.	( )	( )	_____
σώφροσι: Gen. Pl. Fem.	( )	( )	_____
πάντες: Nom. Pl. Mask.	( )	( )	_____
εὐμενῆ: Nom. Sg. Fem.	( )	( )	_____
ψευδές: Akk. Sg. Neutr.	( )	( )	_____
ταχέων: Dat. Sg. Mask.	( )	( )	_____
ὑγιᾶ: Akk. Sg. Fem.	( )	( )	_____

5. Der folgende Text stammt aus Platons *Kriton* (49a4–49b5). Bestimmen Sie die fett hervorgehobenen Adjektive und Substantive nach Kasus, Numerus und Genus.

Οὐδενὶ τρόπῳ φαμὲν **ἑκόντας** ἀδικητέον εἶναι, ἢ τινὶ μὲν ἀδικητέον τρόπῳ τινὶ δὲ οὔ; ἢ οὐδαμῶς τό γε ἀδικεῖν οὔτε ἀγαθὸν οὔτε καλόν, ὡς πολλάκις ἡμῖν καὶ ἐν τῷ ἔμπροσθεν χρόνῳ ὡμολογήθη; [ὅπερ καὶ ἄρτι ἐλέγετο] ἢ **πᾶσαι ἡμῖν ἐκεῖναι αἱ πρόσθεν ὁμολογίαι** ἐν ταῖσδε ταῖς ὀλίγαις ἡμέραις ἐκκεχυμέναι εἰσίν, καὶ πάλαι, ὦ Κρίτων, ἄρα τηλικοίδε [γέροντες] ἄνδρες πρὸς ἀλλήλους σπουδῇ διαλεγόμενοι ἐλάθομεν ἡμᾶς αὐτοὺς παίδων οὐδὲν διαφέροντες; ἢ παντὸς μᾶλλον οὕτως ἔχει, ὥσπερ τότε ἐλέγετο ἡμῖν· εἴτε φασὶν οἱ πολλοὶ εἴτε μή, καὶ εἴτε δεῖ ἡμᾶς ἔτι τῶνδε χαλεπώτερα πάσχειν εἴτε καὶ πρᾳότερα, ὅμως τό γε ἀδικεῖν τῷ ἀδικοῦντι καὶ **κακὸν καὶ αἰσχρὸν** τυγχάνει ὂν παντὶ τρόπῳ; φαμὲν ἢ οὔ;

ἑκόντας: _____   _____

πᾶσαι ὁμολογίαι: _____   _____

_____

Steigerung von Adjektiven

Griechische Adjektive können natürlich auch gesteigert werden, genau wie im Deutschen (stark, stärker, am stärksten) oder im Lateinischen *(firmus, firmior, firmissimus)*. Die regelmäßige Steigerung im Griechischen bildet den Komparativ auf -τερος, -τέρα, -τερον und den Superlativ auf -τατος, -τάτη, -τατον. Diese Adjektive werden dann nach der a-/o-Deklination dekliniert.

Positiv (Mask.)	δῆλος (klar)	νέος (jung)	φίλος (nett)
Komparativ (Mask.)	δηλό-τερος (klarer)	νεώ-τερος (jünger)	φίλ-τερος (netter)
Superlativ (Mask.)	δηλό-τατος (sehr klar)	νεώ-τατος (sehr jung)	φίλ-τατος (sehr nett)
Fem.	δηλοτέρα, δηλοτάτη	νεωτέρα, νεωτάτη	φιλτέρα, φιλτάτη
Neutr.	δηλότερον, δηλότατον	νεώτερον, νεώτατον	φίλτερον, φίλτατον

Beispiel	δηλότερος (klarer)	νεωτάτη (sehr jung)	φίλτερον (netter)
Sg.	Mask.	Fem.	Neutr.
Gen.	δηλοτέρου	νεωτάτης	φιλτέρου
Dat.	δηλοτέρῳ	νεωτάτῃ	φιλτέρῳ
Akk.	δηλότερον	νεωτάτην	φίλτερον
Pl.			
Nom.	δηλότεροι	νεώταται	φίλτερα
Gen.	δηλοτέρων	νεωτάτων	φιλτέρων
Dat.	δηλοτέροις	νεωτάταις	φιλτέροις
Akk.	δηλοτέρους	νεωτάτας	φίλτερα

TIPP: Wiederholen Sie die a- und o-Deklination der Substantive und Adjektive. Die Deklination bei der Steigerung von Adjektiven verläuft hier nach demselben Muster.

HINWEIS: Wenn die vorausgehende Silbe kurz ist, wird der Stammauslaut zu -ω gedehnt, z. B. bei νεώ-τερος, σοφώτερος (von σοφός) oder ὀλβιώτερος (von ὄλβιος) (Superlative ebenso mit Dehnung). Außerdem bilden einige Adjektive ihre Komparationsformen ohne den Stammauslaut -o, wie z. B. φίλ-τερος, παλαίτερος (von παλαιός) oder γεραίτερος (von γεραιός) (Superlative ebenso ohne -o).

Bei den Adjektiven auf -ων, -ον wird vor den Endungen -τερος, -τέρα, -τερον bzw. -τατος, -τάτη, -τατον die Silbe -εσ- eingefügt, z. B.:
σωφρονέστερος, -τέρα, -τερον (klüger) bzw. σωφρονέστατος, -τάτη, -τατον (sehr klug)
εὐδαιμονέστερος, -τέρη, -τερον (glücklicher) bzw. εὐδαιμονέστατος, -τάτη, -τατον (sehr glücklich)

Seltenere Steigerungsformen sind diejenigen auf -ίων, -ιον (Komparativ) bzw. -ιστος, -ίστη, -ιστον (Superlativ). Der Komparativ ist hierbei zweiendig, der Superlativ hingegen wird dreiendig (nach der a-/o-Deklination) dekliniert. Folgende Adjektive werden nach diesem Schema gebeugt:

Positiv	Komparativ	Superlativ	Bedeutung
ἐχθρός	ἐχθίων, -ιον	ἔχθιστος	verhasst
κακός	κακίων, -ιον	κάκιστος	schlecht
αἰσχρός	αἰσχίων, -ιον	αἴσχιστος	schändlich
ἡδύς	ἡδίων, -ιον	ἥδιστος	süß
καλός	καλλίων, -ιον	κάλλιστος	schön
ταχύς	θάττων, θᾶττον	τάχιστος	schnell
μέγας	μείζων, -ον	μέγιστος	groß
πολύς	πλείων, -ον	πλεῖστος	viel

Beispiel	schlechter	
Sg.	Mask./Fem.	Neutr.
Nom.	κακίων	κάκιον
Gen.	κακίονος	κακίονος
Dat.	κακίονι	κακίονι
Akk.	κακίονα/**κακίω**	κάκιον
Pl.		
Nom.	κακίονες/**κακίους**	κακίονα/**κακίω**
Gen.	κακιόνων	κακιόνων
Dat.	κακίοσι	κακίοσι
Akk.	κακίονας/**κακίους**	κακίονα/**κακίω**

TIPP: Wiederholen Sie die Deklination der zweiendigen Adjektive auf -ων, -ον (s. S. 25). Die Deklination der Steigerungsformen auf -ίων, -ιον funktioniert nach demselben Schema.

HINWEIS: Die Deklination der Superlative auf -ιστος, -ίστη, -ιστον entspricht der a- und o-Deklination. Einige Adjektive weisen außerdem Besonderheiten bei der Bildung der Steigerungsformen auf, z. B. ταχύς, μέγας und πολύς. Diese sollten besonders genau gelernt werden. Ferner gibt es einige Sonderformen, die im Nominativ und Akkusativ des Komparativs auftreten können, nämlich κακίω und κακίους. Hier muss bei der Übersetzung genau darauf geachtet werden, welcher Kasus und welches Genus vorliegt.

Im Griechischen gibt es auch einige unregelmäßige Steigerungsformen, die man sich gesondert einprägen muss (vgl. z. B. im Lateinischen *bonus, melior, optimus*). Die wichtigsten seien hier noch aufgelistet:

Positiv	Komparativ	Superlativ	Bedeutung
πρό	πρότερος	πρῶτος	vor – früher – erster
ὑπέρ	ὑπέρτερος	ὑπέρτατος	über hinaus – stärker/überlegener – sehr stark
ῥᾴδιος	ῥᾴων	ῥᾷστος	leicht – leichter – sehr leicht
ἀγαθός	κρείττων ἀμείνων βελτίων	κράτιστος ἄριστος βέλτιστος	gut – besser – sehr gut
κακός	κακίων χείρων ἥττων	κάκιστος χείριστος ἥκιστα	schlecht – schlechter – sehr schlecht
μικρός	μικρότερος ἐλάττων	μικρότατος ἐλάχιστος	klein – kleiner – sehr klein

Übungen V

1. Ergänzen Sie die Tabelle mit den richtigen Formen. Achten Sie dabei genau auf Kasus, Numerus und Genus.

Komparativ	Superlativ
	ἐχθίστη
γεραιτέρω	
	κυλλίστης
	δηλότατον
πλουσιωτέροις	
ἔλαττα	
αἰσχιόνων	
	μεγίστη

2. KNG-Kongruenz: Kreuzen Sie an, zu welchem Substantiv das Adjektiv in der linken Spalte passt. Achtung: Einmal passen zwei Substantive zu einem Adjektiv!

	πολίτην	ἐλπίδες	ἀνδρός	ἁμάρτημα	ἑταίρους	φυλακῇ
φιλτέρου						
ὑπερτάτῃ						
βελτίονα						
μικρότατον						
σοφώτεραι						
χειρίστους						

3. Formenschlange: Bilden Sie die angegebenen Formen immer anhand der zuletzt gebildeten Form.

νέος → Superlativ: _____ → Gen.: _____

→ Pl.: _____ → Dat.: _____.

ῥᾴδια → Komparativ: _____ → Superlativ: _____

→ Akk.: _____ → Pl.: _____.

πρό → Komparativ: _____ → Neutr.: _____

→ Superlativ: _____ → Pl.: _____.

κρατίστη → Komparativ: _____ → Dat.: _____

→ Akk.: _____ → Pl.: _____.

ἐλάχιστος → Komparativ: _____ → Positiv: _____

→ Dat.: _____ → Gen.: _____.

πολύς → Komparativ: _____ → Superlativ: _____

→ Fem.: _____ → Akk.: _____.

4. Verwechslungsgefahr? Entlarven Sie alle Steigerungsformen von Adjektiven und bestimmen Sie die gefundenen Formen nach KNG und Grad der Steigerung (Komparativ oder Superlativ).

ἡγεμών – ἐχθίων – εὐδαίμων – κελεύων – ἑταίρων

Adj. in Steigerungsform: _____ Bestimmung: _____

ἡδίστῳ – φίλῳ – κάτω – ἠπείρῳ – ὀκνέω

Adj. in Steigerungsform: _____ Bestimmung: _____

τέκτονα – ἀγῶνα – σώφρονα – παιδεύοντα – μείζονα

Adj. in Steigerungsform: _____ Bestimmung: _____

ἑκόντι – ἰχθύι – αἰσχίονι – ἄρχοντι – εἰκόνι

Adj. in Steigerungsform: _____ Bestimmung: _____

φυλακή – ἀνάγκη – τιμῇ – κακίστῃ – βουλεύῃ

Adj. in Steigerungsform: _____ Bestimmung: _____

5. Der folgende Text stammt aus Platons *Euthyphron* (2d1–3a5 und 4a3–4a8). Bestimmen Sie die fett hervorgehobenen Adjektive nach Kasus, Numerus und Genus sowie nach Grad der Steigerung (Komparativ oder Superlativ) und geben Sie jeweils den Positiv an.

ὀρθῶς γάρ ἐστι τῶν νέων πρῶτον ἐπιμεληθῆναι ὅπως ἔσονται ὅτι **ἄριστοι**, ὥσπερ γεωργὸν ἀγαθὸν τῶν νέων φυτῶν εἰκὸς πρῶτον ἐπιμεληθῆναι, μετὰ δὲ τοῦτο καὶ τῶν ἄλλων. καὶ δὴ καὶ Μέλητος ἴσως πρῶτον μὲν ἡμᾶς ἐκκαθαίρει τοὺς τῶν νέων τὰς βλάστας διαφθείροντας, ὥς φησιν. ἔπειτα μετὰ τοῦτο δῆλον ὅτι τῶν **πρεσβυτέρων** ἐπιμεληθεὶς **πλείστων** καὶ **μεγίστων** ἀγαθῶν αἴτιος τῇ πόλει γενήσεται, ὥς γε τὸ εἰκὸς συμβῆναι ἐκ τοιαύτης ἀρχῆς ἀρξαμένῳ. [...] Εὐθ.: Πολλοῦ γε δεῖ πέτεσθαι, ὅς γε τυγχάνει ὢν εὖ μάλα **πρεσβύτης**. Σω.: Τίς οὗτος; Εὐθ.: Ὁ ἐμὸς πατήρ. Σω.: Ὁ σός, ὦ **βέλτιστε**; Εὐθ.: Πάνυ μὲν οὖν.

ἄριστοι: _____   _____

_____   _____

_____   _____

Pronomina und Zahlwörter

Wie im Deutschen und Lateinischen gibt es auch im Griechischen zahlreiche Pronomina.

Das **Personalpronomen** ersetzt die Bezeichnung von Personen und wird wie folgt dekliniert:

Singular	Erste Person	Zweite Person	Dritte Person
Nom.	ἐγώ (ich)/–	σύ (du)/–	– (er, sie, es)
Gen.	ἐμοῦ/μου	σοῦ/σου	αὐτοῦ, -ῆς, -οῦ
Dat.	ἐμοί/μοι	σοί/σοι	αὐτῷ, -ῇ, -ῷ
Akk.	ἐμέ/με	σέ/σε	αὐτόν, -ήν, -ό
Plural			
Nom.	ἡμεῖς (wir)	ὑμεῖς (ihr)	– (sie)
Gen.	ἡμῶν	ὑμῶν	αὐτῶν
Dat.	ἡμῖν	ὑμῖν	αὐτοῖς, -αῖς, -οῖς
Akk.	ἡμᾶς	ὑμᾶς	αὐτούς, -άς, -ά

TIPP: Die Endungen von ἡμεῖς und ὑμεῖς entsprechen in etwa denen des oben vorgestellten Beispielwortes ὁ βασιλεύς (s. S. 16 f.); die Formen der dritten Person werden nach der a- und o-Deklination gebildet. Wiederholen Sie die Deklination der obigen Beispielwörter (s. S. 9–11) und übertragen Sie so Ihr Wissen auf die Deklination der Personalpronomina.

HINWEIS: In der ersten und zweiten Person Sg. werden die Formen mit Akzent in der Regel nur dann verwendet, wenn das Pronomen besonders betont werden soll. Üblicher sind die unbetonten Formen.

Das **Reflexivpronomen** bezieht sich zurück auf ein übergeordnetes Subjekt und wird aus dem Personalpronomen plus αὐτός gebildet. Die Endungen entsprechen denen der a- und o-Deklination, die Ihnen bereits gut bekannt sind:

Singular	Erste Person	Zweite Person	Dritte Person
Nom.	–	–	–
Gen.	ἐμαυτοῦ, -ῆς (meiner)	σεαυτοῦ, -ῆς (deiner)	ἑαυτοῦ, -ῆς (seiner)
Dat.	ἐμαυτῷ, -ῇ	σεαυτῷ, -ῇ	ἑαυτῷ, -ῇ
Akk.	ἐμαυτόν, -ήν	σεαυτόν, -ήν	ἑαυτόν, -ήν
Plural			
Nom.	–	–	–
Gen.	ἡμῶν αὐτῶν	ὑμῶν αὐτῶν	ἑαυτῶν
Dat.	ἡμῖν αὐτοῖς, -αῖς	ὑμῖν αὐτοῖς, -αῖς	ἑαυτοῖς, -αῖς
Akk.	ἡμᾶς αὐτούς, -άς	ὑμᾶς αὐτούς, -άς	ἑαυτούς, -άς

Das **Demonstrativpronomen** ὅδε, ἥδε, τόδε (dieser, diese, dieses) entspricht dem lateinischen *hic, haec, hoc*, während οὗτος, αὕτη, τοῦτο (dieser (diese, dieses) da) dem lateinischen *iste, ista, istud* entspricht. Die Demonstrativpronomina werden folgendermaßen dekliniert:

Singular	Mask.	Fem.	Neutr.	Mask.	Fem.	Neutr.
Nom.	ὅδε	ἥδε	τόδε	οὗτος	αὕτη	τοῦτο
Gen.	τοῦδε	τῆσδε	τοῦδε	τούτου	ταύτης	τούτου
Dat.	τῷδε	τῇδε	τῷδε	τούτῳ	ταύτῃ	τούτῳ
Akk.	τόνδε	τήνδε	τόδε	τοῦτον	ταύτην	τοῦτο
Plural						
Nom.	οἵδε	αἵδε	τάδε	οὗτοι	αὗται	ταῦτα
Gen.	τῶνδε	τῶνδε	τῶνδε	τούτων	τούτων	τούτων
Dat.	τοῖσδε	ταῖσδε	τοῖσδε	τούτοις	ταύταις	τούτοις
Akk.	τούσδε	τάσδε	τάδε	τούτους	ταύτας	ταῦτα

Die zusammengesetzten Demonstrativpronomina τοιοῦτος, τοιαύτη, τοιοῦτο(ν) (so beschaffen, ein solcher) und τοσοῦτος, τοσαύτη, τοσοῦτο(ν) (so groß) werden nach demselben Prinzip wie οὗτος, αὕτη, τοῦτο dekliniert.

Die **Possessivpronomina** werden ebenfalls wie Adjektive der a-/o-Deklination dekliniert. Dazu gehören: ἐμός, ἐμή, ἐμόν (mein), σός, σή, σόν (dein), ἡμέτερος, ἡμετέρα, ἡμέτερον (unser) und ὑμέτερος, ὑμετέρα, ὑμέτερον (euer).

Relativpronomina beziehen sich immer auf den übergeordneten Satz, und zwar entweder auf einen einzelnen Begriff oder die Gesamtaussage des Satzes. Das griechische Relativpronomen ὅς, ἥ, ὅ entspricht dem lateinischen *qui, quae, quod* und wird wie folgt dekliniert:

	Singular			Plural		
	Mask.	Fem.	Neutr.	Mask.	Fem.	Neutr.
Nom.	ὅς	ἥ	ὅ	οἵ	αἵ	ἅ
Gen.	οὗ	ἧς	οὗ	ὧν	ὧν	ὧν
Dat.	ᾧ	ᾗ	ᾧ	οἷς	αἷς	οἷς
Akk.	ὅν	ἥν	ὅ	οὕς	ἅς	ἅ

Das **Indefinitpronomen** τις, τι (irgendeine(r), irgendetwas) entspricht dem lateinischen *aliquis, aliquid* und wird folgendermaßen dekliniert:

Singular	Mask./Fem.	Neutr.
Nom.	τις	τι
Gen.	τινός	τινός
Dat.	τινί	τινί
Akk.	τινά	τι

Plural	Mask./Fem.	Neutr.
Nom.	τινές	τινά
Gen.	τινῶν	τινῶν
Dat.	τισίν	τισίν
Akk.	τινάς	τινά

TIPP: Auch diese Endungen kennen Sie bereits vom oben vorgestellten Beispielwort ὁ ἄρχων (ab dem Gen. Sg., s. S. 15); sie müssen daher nicht eigens neu gelernt werden.

VORSICHT: Hätte das Pronomen den Akzent auf der ersten Silbe, wäre es das Fragepronomen τίς, τί (wer? was?), entsprechend dem Lateinischen *quis, quid*.

Die **Zahlwörter** im Griechischen sind – wie im Lateinischen – zum Teil deklinierbar, zum Teil nicht. Die **Kardinalzahlen** von 1 bis 4 werden wie folgt dekliniert:

	eins			zwei	drei		vier	
	Mask.	Fem.	Neutr.	M./F./N.	M./F.	Neutr.	M./F.	Neutr.
Nom.	εἷς	μία	ἕν	δύο	τρεῖς	τρία	τέτταρες	τέτταρα
Gen.	ἑνός	μιᾶς	ἑνός	δυοῖν	τριῶν	τριῶν	τεττάρων	τεττάρων
Dat.	ἑνί	μιᾷ	ἑνί	δυοῖν	τρισίν	τρισίν	τέτταρσιν	τέτταρσιν
Akk.	ἕνα	μίαν	ἕν	δύο	τρεῖς	τρία	τέτταρας	τέτταρα

HINWEIS: εἷς ist dreiendig, besitzt also für alle drei Genera unterschiedliche Formen. δύο hingegen hat für alle Geschlechter die gleichen Formen, τρεῖς und τέτταρες sind zweiendig. Die Endungen entsprechen in der Regel denen der dritten Deklination (außer bei δύο, das ohnehin nur zwei verschiedene Formen bildet).

Entsprechend εἷς, μία, ἕν werden auch die Pronomina οὐδείς, οὐδεμία, οὐδέν bzw. μηδείς, μηδεμία, μηδέν (niemand, keiner) gebildet:

	niemand, keiner			niemand, keiner		
	Mask.	Fem.	Neutr.	Mask.	Fem.	Neutr.
Nom.	οὐδείς	οὐδεμία	οὐδέν	μηδείς	μηδεμία	μηδέν
Gen.	οὐδενός	οὐδεμιᾶς	οὐδενός	μηδενός	μηδεμιᾶς	μηδενός
Dat.	οὐδενί	οὐδεμιᾷ	οὐδενί	μηδενί	μηδεμιᾷ	μηδενί
Akk.	οὐδένα	οὐδεμίαν	οὐδέν	μηδένα	μηδεμίαν	μηδέν

Die **Ordinalzahlen** werden dreiendig entsprechend der a- und o-Deklination dekliniert, wie z. B. πρῶτος (erster), δεύτερος (zweiter), τρίτος (dritter) oder τέταρτος (vierter).

Übungen VI

1. Setzen Sie das in Kasus, Numerus und Genus passende Pronomen bzw. Zahlwort in die Lücken ein und übersetzen Sie die Ausdrücke.

ὁ οἶκος ὁ τοῦ _____ (ἡμέτερος) πατρός

Übersetzung: _____

_____ (οὗτος) τὸ δεινὸν πρᾶγμα

Übersetzung: _____

ὦ φίλε, πιστεύω _____ (σύ)

Übersetzung: _____

πείθονται _____ (ὅδε) τοῖς ἀνθρώποις

Übersetzung: _____

θαυμάζει τὴν γυναῖκα _____ (αὐτός)

Übersetzung: _____

οὐδεὶς τῶν _____ (τέτταρες) ἀνδρῶν

Übersetzung: _____

2. Verbinden Sie die in Kasus, Numerus und Genus zusammengehörigen Pronomina und Substantive.

τούτου	τὰς ἀπάτας
αὗται	τοῦ ἡγεμόνος
ἕν	τὴν παιδείαν
μηδενί	προγόνῳ
τάσδε	αἱ ἑσπέραι
τινῶν	στρατηγοῖς
αὐτοῖς	ὄνομα
ταύτην	χρησμῶν

3. Ergänzen Sie die Tabelle, indem Sie jeweils den anderen Numerus bilden. Achten Sie auf Kasus und Genus.

Singular	Plural
ἐμοῦ	
	αὐταῖς
σεαυτόν	
	αἵδε
ὅ	
	τούσδε
τινί	
	ταύταις

4. Schreiben Sie die Zahlen auf Griechisch aus. Achten Sie für die korrekte Formenbildung auf Kasus, Numerus und Genus des dazugehörigen Substantivs.

3 γυναῖκες = _____ γυναῖκες

4 βασιλεῦσιν = _____ βασιλεῦσιν

0 πρᾶγμα = _____ πρᾶγμα

2 πολεμίους = _____ πολεμίους

1 νίκης = _____ νίκης

3 Ἑλλήνων = _____ Ἑλλήνων

4 γένη = _____ γένη

2 ἀρχόντων = _____ ἀρχόντων

5. Der folgende Text stammt aus Xenophons *Anabasis* (1,1,9–1,1,11). Bestimmen Sie die fett hervorgehobenen Pronomina (bzw. Zahlwörter) nach Kasus, Numerus und Genus und geben Sie jeweils die Grundform an.

ἄλλο δὲ στράτευμα **αὐτῷ** συνελέγετο ἐν Χερρονήσῳ τῇ κατ' ἀντιπέρας Ἀβύδου **τόνδε** τὸν τρόπον. Κλέαρχος Λακεδαιμόνιος φυγὰς ἦν· **τούτῳ** συγγενόμενος ὁ Κῦρος ἠγάσθη τε **αὐτὸν** καὶ δίδωσιν αὐτῷ **μυρίους** δαρεικούς. ὁ δὲ λαβὼν τὸ χρυσίον στράτευμα συνέλεξεν ἀπὸ **τούτων** τῶν χρημάτων καὶ ἐπολέμει ἐκ Χερρονήσου ὁρμώμενος τοῖς Θρᾳξὶ τοῖς ὑπὲρ Ἑλλήσποντον οἰκοῦσι καὶ ὠφέλει τοὺς Ἕλληνας· […] Ἀρίστιππος δὲ ὁ Θετταλὸς ξένος ὢν ἐτύγχανεν αὐτῷ, καὶ πιεζόμενος ὑπὸ τῶν οἴκοι ἀντιστασιωτῶν ἔρχεται πρὸς τὸν Κῦρον καὶ αἰτεῖ αὐτὸν εἰς **δισχιλίους** ξένους καὶ **τριῶν** μηνῶν μισθόν, ὡς οὕτως περιγενόμενος ἂν τῶν ἀντιστασιωτῶν. […] Πρόξενον δὲ τὸν Βοιώτιον ξένον ὄντα ἐκέλευσε λαβόντα ἄνδρας ὅτι πλείστους παραγενέσθαι, ὡς ἐς Πισίδας βουλόμενος στρατεύεσθαι, ὡς πράγματα παρεχόντων τῶν Πισιδῶν τῇ **ἑαυτοῦ** χώρᾳ.

αὐτῷ: _____

Übungen VII: Deklinationen kompakt

Abschließend folgt noch eine letzte Übungssequenz, die alles Gelernte umfasst und nochmals zu allen Deklinationen vielfältiges Übungsmaterial bietet.

1. Verbinden Sie immer die drei in Kasus, Numerus und Genus übereinstimmenden Wörter und bestimmen Sie auch jeweils KNG.

ἥδε ἡ	ἐχθίστων	παισίν
ἑνί	μεγάλοι	πόλεως
ἡμέτεροι	σωφρονέστερον	συμφορά
τέτταρσιν	ὑγιέσιν	φιλόσοφον
ταύτης τῆς	λυπηρά	ἁμαρτήματι
τούτων τῶν	μικρῷ	ἡγεμόνες
τόνδε τόν	εὐκλεοῦς	ἀνδρῶν

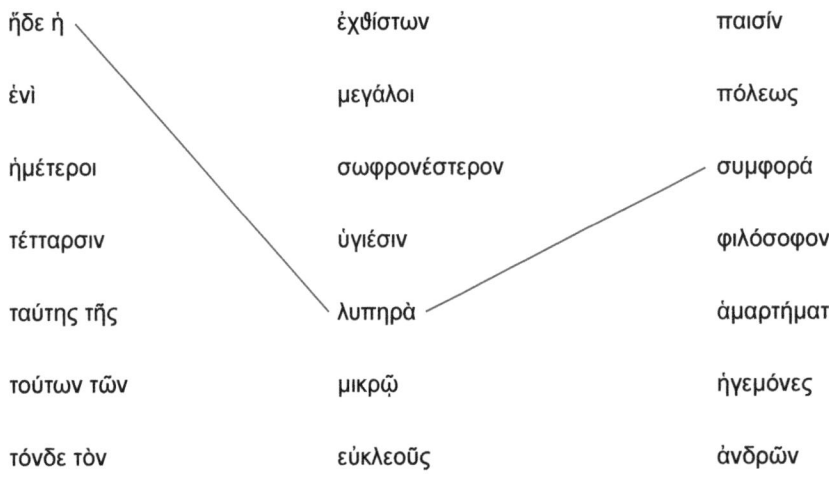

Beispiel: ἥδε ἡ λυπηρὰ συμφορά, Nom. Sg. Fem.

_____

_____

_____

_____

_____

_____

2. Kreuzworträtsel: Tragen Sie die richtigen Formen in die dafür vorgesehenen Felder ein. Die dunkelgrau hinterlegten Felder ergeben, richtig sortiert, das Lösungswort (Tipp: ein berühmter athenischer Staatsmann).

Waagrecht:
1 Gen. Sg. von ἄνθρωπος
2 Dat. Pl. Neutr. von λαμπρός
3 Dat. Pl. Fem. von αὐτός
4 Akk. Pl. Neutr. von τρεῖς
5 Gen. Sg. Fem. von ἀληθής

Senkrecht:
6 Akk. Sg. von βασιλεύς
7 Nom. Pl. Mask. von θαυμάσιος
8 Gen. Pl. Neutr. von τό
9 Dat. Pl. von ἰχθῦς
10 Dat. Pl. Fem. von ἑαυτοῦ
11 Nom. Pl. Neutr. von σωφρονέστερος

Lösungswort: _____

3. Sortieren Sie die nachfolgenden Wörter nach Deklinationen in die richtigen Spalten ein. Bilden Sie anschließend zu jedem Substantiv den anderen Numerus.

ἀγγέλου – ἁμαρτήματα – γέροντες – δείπνῳ – δικαιοσύνας – εὐδαίμονος – ἡμέραις – κτήσεως – ξένους – πολίτης – ὀνείροις – σιγῆς

a-Deklination	o-Deklination	dritte Deklination
	Bsp.: ἀγγέλου, Pl.: ἀγγέλων	

4. Bestimmen Sie die Formen durch Ankreuzen aller zutreffenden Kästchen. Achtung: Manchmal sind mehrere Varianten möglich!

	Nom.	Gen.	Dat.	Akk.	Sg.	Pl.	Mask.	Fem.	Neutr.
τρία	X			X		X			X
μηδεμιᾶς									
ἡδύν									
παντί									
ἀσφαλεῖς									
μεγάλοι									
στομάτων									
τήνδε									
τάξεως									
ἱερεῖ									
γυναῖκες									
ἀγῶνας									

Übungen VII: Deklinationen kompakt

5. Der folgende Text stammt aus Platons *Politeia* (Höhlengleichnis, 514a1-b7 und 515c4-d6). Bestimmen Sie die fett hervorgehobenen Formen genau nach Wortart, Kasus, Numerus und Genus (bei Adjektiven auch nach Grad der Steigerung).

Μετὰ ταῦτα δή, εἶπον, ἀπείκασον τοιούτῳ **πάθει** τὴν **ἡμετέραν** φύσιν παιδείας τε πέρι καὶ ἀπαιδευσίας. ἰδὲ γὰρ ἀνθρώπους οἷον ἐν καταγείῳ οἰκήσει σπηλαιώδει, ἀναπεπταμένην πρὸς τὸ φῶς τὴν εἴσοδον ἐχούσῃ μακρὰν παρὰ **πᾶν** τὸ σπήλαιον, ἐν ταύτῃ ἐκ παίδων ὄντας ἐν δεσμοῖς καὶ τὰ σκέλη καὶ τοὺς αὐχένας, ὥστε μένειν τε αὐτοὺς εἴς τε τὸ πρόσθεν μόνον ὁρᾶν, κύκλῳ δὲ τὰς κεφαλὰς ὑπὸ τοῦ **δεσμοῦ** ἀδυνάτους περιάγειν, φῶς δὲ **αὐτοῖς** πυρὸς ἄνωθεν καὶ πόρρωθεν καόμενον ὄπισθεν αὐτῶν, μεταξὺ δὲ τοῦ πυρὸς καὶ τῶν δεσμωτῶν ἐπάνω ὁδόν, παρ' ἣν ἰδὲ τειχίον παρῳκοδομημένον, ὥσπερ τοῖς θαυματοποιοῖς πρὸ τῶν ἀνθρώπων πρόκειται τὰ παραφράγματα, ὑπὲρ ὧν τὰ θαύματα δεικνύασιν. [...] Σκόπει δή, ἦν δ' ἐγώ, αὐτῶν λύσιν τε καὶ ἴασιν τῶν τε δεσμῶν καὶ **τῆς ἀφροσύνης**, οἵα τις ἂν εἴη, εἰ φύσει τοιάδε συμβαίνοι αὐτοῖς· ὁπότε τις λυθείη καὶ ἀναγκάζοιτο ἐξαίφνης ἀνίστασθαί τε καὶ περιάγειν τὸν αὐχένα καὶ βαδίζειν καὶ πρὸς τὸ φῶς ἀναβλέπειν, πάντα δὲ ταῦτα ποιῶν ἀλγοῖ τε καὶ διὰ τὰς μαρμαρυγὰς ἀδυνατοῖ καθορᾶν ἐκεῖνα, ὧν τότε τὰς σκιὰς ἑώρα, τί ἂν οἴει αὐτὸν εἰπεῖν, εἴ τις αὐτῷ λέγοι, ὅτι τότε μὲν ἑώρα φλυαρίας, νῦν δὲ μᾶλλόν τι ἐγγυτέρω τοῦ ὄντος καὶ πρὸς μᾶλλον ὄντα τετραμμένος ὀρθότερον βλέποι, καὶ δὴ καὶ ἕκαστον τῶν παριόντων δεικνὺς αὐτῷ ἀναγκάζοι ἐρωτῶν ἀποκρίνεσθαι, ὅτι ἔστιν; οὐκ οἴει αὐτὸν ἀπορεῖν τε ἂν καὶ ἡγεῖσθαι τὰ τότε ὁρώμενα **ἀληθέστερα** ἢ τὰ νῦν δεικνύμενα;

Bsp.: τοιούτῳ πάθει: Dem.pron. + Subst. Dat. Sg. Neutr.

ἡμετέραν: _____

_____

_____

_____

_____

_____

6. Setzen Sie die richtigen Formen in die Lücken ein. Achten Sie dabei auf Kasus, Numerus und Genus. Übersetzen Sie dann die Sätze.

Οἱ τῶν _____ (παῖς) γονεῖς τὸν διδάσκαλον ἐπαινοῦσιν.

Übersetzung: _____

Τῷ _____ (ἡμέτερος) πατρὶ _____ (μέγας) δῶρον δίδομεν.

Übersetzung: _____

_____ (πολύς) χρόνον οἱ μαθηταὶ ἐν τῇ _____ (σχολή) μανθάνουσιν.

Übersetzung: _____

Ὁ _____ (λυπηρός) δεσμώτης _____ (οὐδείς) ἐλπίδα εἶχεν.

Übersetzung: _____

Τῆς τύχης τῆς _____ (πόλις) _____ (πᾶς) οἱ ἄνδρες ἐπιμελοῦνται.

Übersetzung: _____

7. Formenschlange: Bilden Sie die angegebenen Formen immer anhand der zuletzt gebildeten Form.

εἷς ἀνήρ → Gen.: _____ → Dat.: _____

→ Akk.: _____.

τῆσδε τῆς ἀβουλίας → Dat.: _____ → Pl.: _____

→ Akk.: _____.

σώφρων ἱππεύς → Akk.: _____ → Pl.: _____

→ Dat.: _____.

Lösungen

Übungen I

1. Setzen Sie die richtigen Artikel.
ὁ πόντος, τὰ θέατρα, τοῦ ἐναντίου, ἡ ἀρετή, τῇ βοῇ, τὰς αἰσχύνας, τῶν ἀδελφῶν, τὴν νῆσον, τοῖς νοῖς, τοῖς πολίταις, αἱ αἰτίαι, τῆς ἠπείρου.

2. Bestimmen Sie die Formen nach KNG.
ἀνθρώπους: Akk. Pl. Mask. – θανάτῳ: Dat. Sg. Mask. – θεάτροις: Dat. Pl. Neutr. – ἀρετῶν: Gen. Pl. Fem. – πλοῦ: Gen. Sg. Mask. – γῆν: Akk. Sg. Fem. – παρθένος: Nom. Sg. Fem. (!) – ταῖς: Dat. Pl. Fem. – ἡδονῆς: Gen. Sg. Fem. – φίλε: Vok. Sg. Mask.

3. Verwandeln Sie in den Singular bzw. Plural.
οἱ στρατιῶται – ταῖς βλάβαις – τὸ ξύλον – τῆς διανοίας – τὸν πρόγονον – τῷ ἀργυρίῳ – τῶν ἄστρων – τῶν ὁδῶν – τὰ ὀστᾶ – αἱ πέτραι

4. Deklinieren Sie im Singular und Plural.
ἡ σελήνη, τῆς σελήνης, τῇ σελήνῃ, τὴν σελήνην, αἱ σελῆναι, τῶν σεληνῶν, ταῖς σελήναις, τὰς σελήνας.
ὁ ποταμός, τοῦ ποταμοῦ, τῷ ποταμῷ, τὸν ποταμόν, οἱ ποταμοί, τῶν ποταμῶν, τοῖς ποταμοῖς, τοὺς ποταμούς.
τὸ μαντεῖον, τοῦ μαντείου, τῷ μαντείῳ, τὸ μαντεῖον, τὰ μαντεῖα, τῶν μαντείων, τοῖς μαντείοις, τὰ μαντεῖα.
ὁ δικαστής, τοῦ δικαστοῦ, τῷ δικαστῇ, τὸν δικαστήν, οἱ δικασταί, τῶν δικαστῶν, τοῖς δικασταῖς, τοὺς δικαστάς.

5. Bestimmen Sie die Formen nach Deklinationsklasse und KNG.
ἡμέραις: a-Dekl. Dat. Pl. Fem. – Λακεδαιμόνιοι: o-Dekl. Nom. Pl. Mask. – Ἑλλήσποντον: o-Dekl. Akk. Sg. Mask. – ἡμεροσκόπος: o-Dekl. Nom. Sg. Mask. – τοῖς στρατηγοῖς: o-Dekl. Dat. Pl. Mask. – τὴν γῆν: a-Dekl. Akk. Sg. Fem. – τῶν Ἀθηναίων: o-Dekl. Gen. Pl. Mask. – τῆς γῆς: a-Dekl. Gen. Sg. Fem. – τὸ στρατόπεδον: o-Dekl. Akk. Sg. Neutr.

Übungen II

1. Formenschlange:
τὸ κάλλος: τῷ κάλλει, τοῦ κάλλους, τῶν καλλῶν, τὰ κάλλη.
ἡ φύσις: τὴν φύσιν, τὰς φύσεις, τῶν φύσεων, τῆς φύσεως.
ὁ ἰχθῦς: τῷ ἰχθύι, τοῖς ἰχθύσιν, τοὺς ἰχθῦς, τὸν ἰχθῦν.
ἡ θυγάτηρ: τῆς θυγατρός, τῶν θυγατέρων, ταῖς θυγατράσιν, αἱ θυγατέρες.
τὸ πρᾶγμα: τὸ πρᾶγμα, τὰ πράγματα, τῶν πραγμάτων, τοῦ πράγματος.
ὁ γέρων: τὸν γέροντα, τῷ γέροντι, τοῖς γέρουσιν, τοὺς γέροντας.

2. Sortieren Sie die Substantive nach Deklinationsklassen und bilden Sie die Genitive.
a-Dekl. Fem.: ἡ ταραχή (τῆς ταραχῆς), ἡ ὥρα (τῆς ὥρας), ἡ εἰρήνη (τῆς εἰρήνης)
a-Dekl. Mask.: ὁ στρατιώτης (τοῦ στρατιώτου), ὁ δικαστής (τοῦ δικαστοῦ)
o-Dekl. Fem.: ἡ ἤπειρος (τῆς ἠπείρου), ἡ παρθένος (τῆς παρθένου)
o-Dekl. Mask.: ὁ γεωργός (τοῦ γεωργοῦ), ὁ κόσμος (τοῦ κόσμου)
o-Dekl. Neutr.: τὸ ἔργον (τοῦ ἔργου), τὸ δάκρυον (τοῦ δακρύου)
3. Dekl.: τὸ παράδειγμα (τοῦ παραδείγματος), ἡ τάξις (τῆς τάξεως), ὁ ἔρως (τοῦ ἔρωτος), ὁ ἀγών (τοῦ ἀγῶνος), ὁ φύλαξ (τοῦ φύλακος)

3. Ergänzen Sie die Tabelle mit den richtigen Formen.

τὸ πάθος	ἡ ὕβρις	ὁ ὁπλίτης	ὁ ἡγεμών
τοῦ πάθους	τῆς ὕβρεως	τοῦ ὁπλίτου	τοῦ ἡγεμόνος
τῷ πάθει	τῇ ὕβρει	τῷ ὁπλίτῃ	τῷ ἡγεμόνι
τὸ πάθος	τὴν ὕβριν	τὸν ὁπλίτα	τὸν ἡγεμόνα

τὰ πάθη	αἱ ὕβρεις	οἱ ὁπλῖται	οἱ ἡγεμόνες
τῶν παθῶν	τῶν ὕβρεων	τῶν ὁπλιτῶν	τῶν ἡγεμόνων
τοῖς πάθεσιν	ταῖς ὕβρεσιν	τοῖς ὁπλίταις	τοῖς ἡγεμόσιν
τὰ πάθη	τὰς ὕβρεις	τοὺς ὁπλίτας	τοὺς ἡγεμόνας

4. Verwechslungsgefahr?
ἔτει: Dat. Sg. Neutr. (von τὸ ἔτος) – τιμῆς: Gen. Sg. Fem. (von ἡ τιμή) – δαίμονος: Gen. Sg. Mask. (von ὁ δαίμων) – κινδύνῳ: Dat. Sg. Mask. (von ὁ κίνδυνος) – γράμματα: Nom./Akk. Pl. Neutr. (von τὸ γράμμα) – τέκτονι: Dat. Sg. Mask. (von ὁ τέκτων)

5. Bestimmen Sie die Formen nach Deklinationsklasse und KNG.
πολέμους: o-Dekl. Akk. Pl. Mask. – στάσεις: 3. Dekl. Akk. Pl. Fem. – τὸ σῶμα: 3. Dekl. Nom. Sg. Neutr. – τὴν κτῆσιν: 3. Dekl. Akk. Sg. Fem. – τῇ θεραπείᾳ: a-Dekl. Dat. Sg. Fem. – φιλοσοφίας: a-Dekl. Gen. Sg. Fem. – ταῖς ζητήσεσιν: 3. Dekl. Dat. Pl. Fem. – τὰ πράγματα: 3. Dekl. Nom. Pl. Neutr.

Übungen III

1. Ergänzen Sie die Adjektive mit den richtigen Endungen.
κακοῦργος δεινός – πράγματα ἀναγκαῖα – ὕβρεως μεγάλης – ἔτεσιν πολλοῖς – λίθων σιδηρῶν – ἄστη μικρά – φύσιν ἀνθρωπείαν – βασιλέως ἱκανοῦ – φύλακες φαῦλοι – ἑσπέρα καλή

2. Bestimmen Sie die angegebenen Formen durch Ankreuzen der richtigen Kästchen.
πολύν: Sg. Akk. Mask. – μεγάλαις: Pl. Dat. Fem. – θαυμασίους: Pl. Akk. Mask. – ἀθάνατα: Pl. Nom./Akk. Neutr. – ὁμοίης: Sg. Gen. Fem. – ἀργυρῷ: Sg. Dat. Mask./Neutr. – αἰσχροῦ: Sg. Gen. Mask./Neutr. – ἀθλίων: Pl. Gen. Mask./Fem./Neutr. – βροταί: Pl. Nom. Fem.

3. KNG-Kongruenz:
πολλοὶ βασιλεῖς – θεία νίκη – περιττοῖς πράγμασιν – ἀργυροῦ βωμοῦ – μεγάλας πόλεις – ἐλεύθερον ἡγεμόνα.

4. Formenschlange:
ἀγαθὸν σημεῖον: ἀγαθῷ σημείῳ, ἀγαθοῖς σημείοις, ἀγαθὰ σημεῖα, ἀγαθῶν σημείων.
ἄξιος τέκτων: ἀξίου τέκτονος, ἄξιον τέκτονα, ἀξίους τέκτονας, ἄξιοι τέκτονες.
μεγάλη ὕβρις: μεγάλαι ὕβρεις, μεγάλων ὕβρεων, μεγάλης ὕβρεως, μεγάλην ὕβριν.
ἄπιστος γυνή: ἀπίστου γυναικός, ἀπίστων γυναικῶν, ἀπίστους γυναῖκας, ἄπιστον γυναῖκα.
ἁπλοῦν ἔθνος: ἁπλᾶ ἔθνη, ἁπλοῖς ἔθνεσιν, ἁπλῷ ἔθνει, ἁπλοῦ ἔθνους.
πολὺς χρόνος: πολλῷ χρόνῳ, πολὺν χρόνον, πολλοὺς χρόνους, πολλῶν χρόνων.

5. Bestimmen Sie die Formen nach KNG.
ἄνδρες Ἀθηναῖοι: Vok. Pl. Mask. – τοὺς πρώτους κατηγόρους: Akk. Pl. Mask. – πολλοὶ κατήγοροι: Nom. Pl. Mask. – πολλὰ ἔτη: Akk. Pl. Neutr. – σοφὸς ἀνήρ: Nom. Sg. Mask. – οἱ δεινοὶ κατήγοροι: Nom. Pl. Mask. – πολὺν χρόνον: Akk. Sg. Mask. – ὀλίγῳ χρόνῳ: Dat. Sg. Mask.

Übungen IV

1. Ergänzen Sie jeweils den anderen Numerus.
εὐθέος/εὐθέων – πάσῃ/πάσαις – σαφεῖ/σαφέσιν – σῶφρον/σώφρονα – ἄκοντα/ἄκοντας – τραχεῖα/τραχεῖαι – πίονος/πιόνων – παντί/πᾶσιν – ἀσφαλής/ἀσφαλεῖς

2. Verbinden Sie die zusammengehörigen Adjektive und Substantive.
πάντων τῶν Ἑλλήνων, ἄφρον τέκνον, ὑγιοῦς βασιλέως, ἀσφαλεῖ εἰρήνῃ, θρασεῖαν γυναῖκα, ἑκόντες σύμμαχοι, ἐπιεικέσι ἡγεμόσι, ἡδεῖα νίκη

3. Kammrätsel:
Spalte 1: εὔδαιμον, Spalte 2: ἰσχυροῖς, Spalte 3: ἀληθεῖ, Spalte 4: θρασείας, Spalte 5: νόμιμα, Spalte 6: μεγάλους, Spalte 7: ἱερῶν; Lösungswort: ἐπιλανθάνομαι (ich vergesse).

4. Richtig oder falsch?
ἀκούσης: Gen. Sg. Fem.: richtig, ἑκόντας: Dat. Pl. Mask.: falsch (Korrektur: Akk. Pl. Mask.), σώφροσι: Gen. Pl. Fem.: falsch (Korrektur: Dat. Pl. Mask./Fem./Neutr.), πάντες: Nom. Pl. Mask.: richtig, εὐμενῆ: Nom. Sg. Fem.: falsch (Korrektur: Akk. Sg. Mask./Fem. oder Nom./Akk. Pl. Neutr.), ψευδές: Akk. Sg. Neutr.: richtig, ταχέων: Dat. Sg. Mask.: falsch (Korrektur: Gen. Pl. Mask./Neutr.), ὑγιᾶ: Akk. Sg. Fem.: richtig

5. Bestimmen Sie die Formen nach KNG.
ἑκόντας: Akk. Pl. Mask. – πᾶσαι ὁμολογίαι: Nom. Pl. Fem. – ὀλίγαις ἡμέραις: Dat. Pl. Fem. – [γέροντες] ἄνδρες: Nom. Pl. Mask. – οἱ πολλοί: Nom. Pl. Mask. – κακὸν καὶ αἰσχρόν: Nom. Sg. Neutr. – παντὶ τρόπῳ: Dat. Sg. Mask.

Übungen V

1. Ergänzen Sie die richtigen Formen.
ἐχθίων, ἐχθίστη – γεραιτέρῳ, γεραιτάτῳ – καλλίονος, καλλίστης – δηλότερον, δηλότατον – πλουσιωτέροις, πλουσιωτάτοις – ἔλαττα, ἐλάχιστα – αἰσχιόνων, αἰσχίστων – μείζονι, μεγίστῃ

2. KNG-Kongruenz:
φιλτέρου ἀνδρός – ὑπερτάτῃ φυλακῇ – βελτίονα πολίτην – μικρότατον ἁμάρτημα (theoretisch auch möglich: μικρότατον πολίτην) – σοφώτεραι ἐλπίδες – χειρίστους ἑταίρους

3. Formenschlange:
νέος: νεώτατος, νεωτάτου, νεωτάτων, νεωτάτοις.
ῥᾴδια: ῥᾴων, ῥᾴστη, ῥᾴστην, ῥᾴστας.
πρό: πρότερος, πρότερον, πρῶτον, πρῶτα.
κρατίστῃ: κρείττων, κρείττονι, κρείττονα, κρείττονας.
ἐλάχιστος: ἐλάττων, μικρός, μικρῷ, μικροῦ.
πολύς: πλείων, πλεῖστος, πλείστη, πλείστην.

4. Verwechslungsgefahr?
ἐχθίων: Nom. Sg. Mask./Fem. Komparativ, ἡδίστῳ: Dat. Sg. Mask./Neutr. Superlativ, μείζονα: Akk. Sg. Mask./Fem. oder Nom./Akk. Pl. Neutr. Komparativ, αἰσχίονι: Dat. Sg. Mask./Fem./Neutr. Komparativ, κακίστῃ: Dat. Sg. Fem. Superlativ

5. Bestimmen Sie die Formen nach KNG und Grad der Steigerung.
ἄριστοι: Nom. Pl. Mask. Superlativ von ἀγαθός – πρῶτον: Akk. Sg. Neutr. Superlativ von πρό (bzw. Adverb = zuerst) – πρεσβυτέρων: Gen. Pl. Mask. Komparativ von πρεσβύς – πλείστων: Gen. Pl. Neutr. Superlativ von πολύς – μεγίστων: Gen. Pl. Neutr. Superlativ von μέγας – βέλτιστε: Vok. Sg. Mask. Superlativ von ἀγαθός

Übungen VI

1. Setzen Sie das richtige Pronomen bzw. Zahlwort ein und übersetzen Sie.
ἡμετέρου: das Haus unseres Vaters – τοῦτο: diese ungeheure Sache da – σοι: mein Freund, ich vertraue dir – τοῖσδε: sie gehorchen diesen Menschen – αὐτήν: er bewundert die Frau selbst – τεττάρων: keiner der vier Männer

2. Verbinden Sie die in Kasus, Numerus und Genus zusammengehörigen Pronomina und Substantive.
τούτου τοῦ ἡγεμόνος – αὗται αἱ ἑσπέραι – ἓν ὄνομα – μηδενὶ προγόνῳ – τάσδε τὰς ἀπάτας – τινῶν χρησμῶν – αὐτοῖς στρατηγοῖς – ταύτην τὴν παιδείαν

3. Ergänzen Sie die Tabelle, indem Sie jeweils den anderen Numerus bilden.
ἐμοῦ/ἡμῶν – αὐτῇ/αὐταῖς – σεαυτόν/ὑμᾶς αὐτούς – ἥδε/αἵδε – ὅ/ἅ– τόνδε/τούσδε – τινί/τισίν – ταύτῃ/ταύταις

4. Schreiben Sie die Zahlen auf Griechisch aus.
τρεῖς γυναῖκες – τέτταρσιν βασιλεῦσιν – οὐδέν/μηδὲν πρᾶγμα – δύο πολεμίους – μιᾶς νίκης – τριῶν Ἑλλήνων – τέτταρα γένη – δυοῖν ἀρχόντων

5. Bestimmen Sie die Formen nach KNG.
αὐτῷ: Dat. Sg. Mask. von αὐτός – τόνδε: Akk. Sg. Mask. von ὅδε – τούτῳ: Dat. Sg. Mask. von οὗτος – αὐτόν: Akk. Sg. Mask. von αὐτός – τούτων: Gen. Pl. Neutr. von τοῦτο – τριῶν: Gen. Pl. Mask. von τρεῖς – ἑαυτοῦ: Gen. Sg. Mask.; kein Nom.

Übungen VII

1. Verbinden Sie die zusammengehörigen Wörter und bestimmen Sie KNG.
ἥδε ἡ λυπηρὰ συμφορά, Nom. Sg. Fem. – ἑνὶ μικρῷ ἁμαρτήματι, Dat. Sg. Neutr. – ἡμέτεροι μεγάλοι ἡγεμόνες, Nom. Pl. Mask. – τέτταρσιν ὑγιέσιν παισίν, Dat. Pl. Mask./Fem. – ταύτης τῆς εὐκλεοῦς πόλεως, Gen. Sg. Fem. – τούτων τῶν ἐχθίστων ἀνδρῶν, Gen. Pl. Mask. – τόνδε τὸν σωφρονέστερον φιλόσοφον, Akk. Sg. Mask.

2. Kreuzworträtsel
1 = ἀνθρώπου, 2 = λαμπροῖς, 3 = αὐταῖς, 4 = τρία, 5 = ἀληθοῦς, 6 = βασιλέα, 7 = θαυμάσιοι, 8 = τῶν, 9 = ἰχθύσιν, 10 = ἑαυταῖς, 11 = σωφρονέστερα; Lösung: Σόλων (Solon)

3. Sortieren Sie nach Deklinationen und bilden Sie den anderen Numerus.
o-Dekl.: ἀγγέλου: ἀγγέλων, δείπνῳ: δείπνοις, ξένους: ξένον, ὀνείροις: ὀνείρῳ

a-Dekl.: δικαιοσύνας: δικαιοσύνην, ἡμέραις: ἡμέρᾳ, πολίτης: πολῖται, σιγῆς: σιγῶν
dritte Dekl.: ἁμαρτήματα: ἁμάρτημα, γέροντες: γέρων, εὐδαίμονος: εὐδαιμόνων, κτήσεως: κτήσεων

4. Bestimmen Sie die Formen durch Ankreuzen aller zutreffenden Kästchen.
μηδεμιᾶς: Gen. Sg. Fem. – ἡδύν: Akk. Sg. Mask. – παντί: Dat. Sg. Mask./Neutr. – ἀσφαλεῖς: Nom./Akk. Pl. Mask./Fem. – μεγάλοι: Nom. Pl. Mask. – στομάτων: Gen. Pl. Neutr. – τήνδε: Akk. Sg. Fem. – τάξεως: Gen. Sg. Fem. – ἱερεῖ: Dat. Sg. Mask. – γυναῖκες: Nom. Pl. Fem. – ἀγῶνας: Akk. Pl. Mask.

5. Bestimmen Sie die Formen nach KNG.
ἡμετέραν: Poss.pron. Akk. Sg. Fem. – τὴν εἴσοδον: Art. + Subst. Akk. Sg. Fem. – πᾶν: Adj. Akk. Sg. Neutr. – τοῦ δεσμοῦ: Art. + Subst. Gen. Sg. Mask. – αὐτοῖς: Pers. pron. Dat. Pl. Mask. – ἥν: Rel.pron. Akk. Sg. Fem. – τὰ θαύματα: Art. + Subst. Akk. Pl. Neutr. – λύσιν: Subst. Akk. Sg. Fem. – τῆς ἀφροσύνης: Art. + Subst. Gen. Sg. Fem. – ταῦτα: Dem.pron. Akk. Pl. Neutr. – τὰς μαρμαρυγάς: Art. + Subst. Akk. Pl. Fem. – ὀρθότερον: Adj. Akk. Sg. Neutr. Komparativ – ἀληθέστερα: Adj. Akk. Pl. Neutr. Komparativ

6. Setzen Sie die richtigen Formen ein.
παίδων – ἡμετέρῳ, μέγα – Πολὺν, σχολῇ – λυπηρός, οὐδεμίαν – πόλεως, πάντες
παίδων: Die Eltern der Kinder loben den Lehrer. – ἡμετέρῳ, μέγα: Wir geben unserem Vater ein großes Geschenk. – Πολὺν, σχολῇ: Lange Zeit lernen die Schüler in der Schule. – λυπηρός, οὐδεμίαν: Der betrübte Gefangene hatte keinerlei Hoffnung. – πόλεως, πάντες: Um das Schicksal der Stadt kümmern sich alle Männer.

7. Formenschlange:
εἷς ἀνήρ: ἑνὸς ἀνδρός, ἑνὶ ἀνδρί, ἕνα ἄνδρα.
τῆσδε τῆς ἀβουλίας: τῇδε τῇ ἀβουλίᾳ, ταῖσδε ταῖς ἀβουλίαις, τάσδε τὰς ἀβουλίας.
σώφρων ἱππεύς: σώφρονα ἱππέα, σώφρονας ἱππεῖς, σώφροσιν ἱππεῦσιν.